EXPERIMENTOS SENCILLOS SOBRE EL TIEMPO

Muriel Mandell

Ilustraciones de Frances Zweifel

ONIRO

Dedicatoria

A la memoria de Horace Mandell, un colaborador de toda la vida, y para Aviva Michaela Mandell, el futuro.

Colección dirigida por Carlo Frabetti

Título original: *Simple Experiments in Time with Everyday Materials*
Publicado en inglés por Sterling Publishing Company, Inc.

Traducción de Irene Amador

Diseño de cubierta: Valerio Viano

Ilustración de cubierta e interiores: Frances Zweifel

Distribución exclusiva:
Ediciones Paidós Ibérica, S.A.
Mariano Cubí 92 – 08021 Barcelona – España
Editorial Paidós, S.A.I.C.F.
Defensa 599 – 1065 Buenos Aires – Argentina
Editorial Paidós Mexicana, S.A.
Rubén Darío 118, col. Moderna – 03510 México D.F. – México

© 1997 by Muriel Mandell

© 2001 exclusivo de todas las ediciones en lengua española:
Ediciones Oniro, S.A.
Muntaner 261, 3.º 2.ª – 08021 Barcelona – España
(oniro@edicionesoniro.com - www.edicionesoniro.com)

ISBN: 84-95456-78-8
Depósito legal: B-33.657-2001

Impreso en Hurope, S.L.
Lima, 3 bis – 08030 Barcelona

Impreso en España – *Printed in Spain*

ÍNDICE

1. Hablando del tiempo   **5**
Ahora y luego • ¿Cuánto dura un minuto? • El tiempo
de tu vida • Palabras y expresiones del tiempo

2. Midiendo el tiempo con la Luna   **15**
Cronología de diversos calendarios • Sobre los
calendarios • Tiempo lunar • El calendario cordel •
Calendario perpetuo • La semana coja

3. Midiendo el tiempo con el Sol   **31**
Cronología de los relojes de sol • ¿Dónde va mi
sombra? • ¿Por qué a veces soy muy alto? • Observa
la sombra • Reloj de sombra • ¿Qué es un ángulo?
¿Por qué hay diferencia? • Reloj de mano • Marcas de
mediodía • Agujeros de mediodía • Husos horarios •
La hora cambiante

4. Relojes para los días nublados y la noche   **51**
Cronología de los días nublados • Velas-reloj •

¡Por la nariz! • Reloj de agua • No del todo perfecto •
Recorriendo dos caminos • Reloj de arena • Cuestión
de nudos • Inventa tu propio reloj

5. Midiendo el tiempo con las estrellas   **67**
Cronología de estrellas • Caja planetario • El cielo
como brújula • Mapa de estrellas • Conocer la hora
con las estrellas • Reloj de estrellas

6. Relojes mecánicos   **83**
Cronología de los relojes mecánicos • Relojes yoyó •
Sobre los engranajes • ¿Por qué los relojes cuentan
hasta 12? • Relojes portátiles • Rubíes como
cojinetes • Relojes de pie • Segundos • Horarios de
trenes • Línea Internacional de Cambio de Fecha •
Horario de verano • AM y PM

7. Superrelojes   **103**
Cronología de los superrelojes • Relojes eléctricos •
Un motor eléctrico • ¡Cargado! • Pila espiral • Relojes
de cristal de cuarzo • El efecto piezoeléctrico •
Relojes digitales • Brillar en la oscuridad • Medir
el pasado: relojes radiactivos • Relojes atómicos •
Máquinas del tiempo y mucho más

Agradecimientos   **123**

1. HABLANDO DEL TIEMPO

La palabra «tiempo» la utilizamos tanto para referirnos a *cuándo* se produce un suceso (fecha) como a *cuánto* dura un acontecimiento (duración).

Los distintos pueblos de la Tierra han medido el tiempo por el Sol, la Luna y las estrellas, utilizando aceite y velas, agua y arena, con pesos y péndulos, con pilas y centrales de energía eléctrica, y en este siglo con los átomos de un metal, el *cesio*.

En la época prehistórica, los hombres y las mujeres medían el tiempo de forma general, sólo necesitaban precisar las estaciones del año y la noche y el día. En nuestra época, los físicos, que estudian las partículas de los átomos, llegan a medir un picosegundo, la billonésima parte de un segundo. Otros científicos, como los paleontólogos, geólogos, arqueólogos y biólogos, utilizan «relojes radiactivos» y «relojes moleculares» para el cómputo de miles de millones de años.

Para diseñar y fabricar un reloj, el instrumento que sirve para medir el tiempo, se ha necesitado la colaboración de astrónomos, físicos, ingenieros, estadísticos, así como de herreros y cerrajeros. Los horólogos (relojeros) construyeron sus inventos sobre la base de las teorías científicas de Newton, Descartes, Galileo, Niels Bohr y Einstein, entre otros.

Pero es un fenómeno natural, la rotación de la Tierra sobre su eje y la traslación alrededor del Sol, el que ha proporcionado el primer método para la medición del tiempo.

Ahora y luego

Constantemente utilizamos palabras para referirnos al tiempo. Este juego consiste en apuntar palabras relacionadas con el tiempo durante diez o quince minutos. Puedes practicarlo con algún amigo o retarte a ti mismo.

Necesitas:
Un despertador
Lápiz y papel

Cómo hacerlo:

Conecta la alarma del despertador antes de sentarte con el lápiz y el papel.
Luego escribe todas las palabras o expresiones relativas al tiempo que recuerdes, antes de que suene la alarma. «Después» y «antes» son algunos ejemplos, pero también lo son expresiones como «con el tiempo» y «en un abrir y cerrar de ojos».

Qué sucede:
Comprueba tu lista con los ejemplos de las páginas 12-13. ¿Se te ha olvidado alguna palabra? ¿Falta en la lista alguna de las tuyas?

CALIENTA UN GLOBO

Los científicos han descubierto que los dos hemisferios de nuestro cerebro hacen cosas diferentes. El hemisferio izquierdo tiene un fuerte sentido temporal; el derecho ninguno. Pero cuando decidimos que debemos despertarnos a una hora determinada, es el lado derecho del cerebro el que obedece la orden y nos despierta. Observa si los dos lados de tu cerebro cooperan. Intenta despertarte a una hora precisa sin utilizar el despertador, pero pide ayuda a alguien ¡por si acaso!

¿Cuánto dura un minuto?

¿Sabes exactamente cuánto tiempo transcurre en el lapso de un minuto? Diviértete con tus amigos y jugad a cronometrar quién puede permanecer rígido durante ese rato: ¡un minuto!

Necesitas:
Un reloj y la ayuda de alguien
Uno o varios amigos
Lápiz y papel

Cómo hacerlo:
Primero se establecen los turnos. Un amigo sostiene el reloj y hace la señal de salida. Coloca tus manos sobre los labios y mantente quieto hasta que consideres que haya pasado un minuto y, entonces, grita «¡Tiempo!». Tu amigo comprobará el tiempo transcurrido con el reloj. Luego, por turnos, id cronometrando el tiempo que cada cual permanece quieto y anotad los resultados.

Comparad los tiempos.

Qué sucede:
¡Puedes descubrir que un minuto es mucho tiempo!

Por qué:
El tiempo pasa muy lentamente cuando concentramos nuestra atención sobre su transcurso. Sin embargo, si cronometras un minuto mientras lees, dibujas o juegas, verás lo poco que dura un minuto.

El tiempo de tu vida

Una cronología es una lista de fechas en las que sucedieron hechos significativos, en el orden en el que se produjeron los acontecimientos. Haz tu propia cronología: apunta las fechas en las que ocurrieron cosas importantes en tu vida.

Necesitas:
Lápiz y papel

Cómo hacerlo:
Siéntate y piensa en las cosas importantes de tu vida. Tal vez puedes preguntar a tus padres sobre las fechas. Haz una lista de todas las cosas que te han pasado, como, por ejemplo, la fecha de tu nacimiento, cuándo comenzaste a andar y hablar, la edad a la que fuiste a la guardería, cuándo aprendiste a leer, los viajes que hayas hecho, la fecha en la que aprendiste a montar en bicicleta o en patín, el nacimiento de una hermana o hermano, algún premio que hayas ganado, cuándo aprendiste un juego, cuándo conociste a tu mejor amigo o cuándo terminaste la primaria.

Ordena los acontecimientos de acuerdo con la fecha y escribe tu cronología siguiendo el ejemplo de la página 16. Puedes decorarla con dibujos, si te apetece. Tal vez, necesites revisarla si descubres otras cosas más importantes. Puede resultar interesante preguntar a tus padres o a tus abuelos, e incluso puedes hacer también sus cronologías.

Incubado ----------- 17 mayo
Captura de una
    lagartija ----------- 15 julio
Huída del coyote ----- 6 julio
Primer nido

Palabras y expresiones del tiempo

(Respuestas al capítulo «Ahora y luego» de la página 7)

a veces	diariamente	eternidad	mes
ahora	diurno	eterno	mientras
ahora y luego	doble tiempo		mientras
al instante	durante	final	tanto
al poco	durante	finalmente	milenio
tiempo	algún	frecuente	minuto
alguna vez	tiempo	futuro	momentáneo
antaño	durante un	hace mucho	
antes	segundo,	tiempo	nanosegundo
año	un minuto,	hasta ahora	Navidad
ayer	una hora,	hora	noche
	un mes,	hora H	nocturno
bienal	una	horología	nunca
bimensual	estación,	hoy	
bisemanal	un año		oportuno
		infinito	
circadiano	en el curso de	infrecuente	para siempre
concurrente	un año	inmediato	pasado
constante	en punto	intermitente	perpetuo
contemporáno	en seguida	intervalo	picosegundo
continuo	en tiempos de		presente
cronología	en un instante	mañana	previamente
cuando	entonces	más despacio	primero
	época	más pronto	pronto
de invierno	equinoccio	más tarde	puntual
de vez en	era	más temprano	
cuando	esta noche	medianoche	que dura un
despacio	estacional	mediodía	año
después	este mes,	menos pronto	quincena
día	semana, año	menos tarde	

rápidamente	siglo	tarde	todavía
repentino	siguiente mes,	tempo	todo el tiempo
	semana, año	temporal	último
secuencia	sincronizar	temporal-	último mes,
secuencial		mente	semana, año
segundo	tan pronto	temprano	
semana	como	tiempo	ya

2. MIDIENDO EL TIEMPO CON LA LUNA

Los arqueoastrónomos combinan el estudio de las estrellas y los planetas con el de las antiguas civilizaciones. Estos científicos han analizado algunos huesos de 10.000 años de antigüedad, encontrados en África y Europa. Opinan que los surcos que tienen tallados pueden ser calendarios primitivos, utilizados para seguir los ciclos de la Luna a lo largo del año.

Antes de que nuestros antepasados llegaran a interesarse por las horas del día, estuvieron preocupados por ciclos más amplios, como el día y la noche, los meses y las estaciones del año.

Las gentes de culturas muy diversas observaron las fases de la Luna y los movimientos del Sol y las estrellas. Los utilizaron para medir el tiempo, de modo que sabían cuándo debían plantar y cosechar.

Las pirámides de Egipto y de Yucatán (México), así como algunas construcciones de rocas, como por ejemplo, el Círculo de Stonehenge en Inglaterra, tienen significados

calendáricos, es decir, indican los momentos importantes del año y las festividades religiosas que se celebran en algunos períodos, bien para conmemorar una fecha o para honrar a los dioses.

CRONOLOGÍA DE DIVERSOS CALENDARIOS

4242 a.C.	Calendario lunar egipcio
3761 a.C.	Calendario lunar judío
3300 a.C.	Posible fecha del primer calendario maya
3100 a.C.	Calendario solar egipcio
3000 a.C.	Calendarios lunares de Mesopotamia y Atenas
2680 a.C.	Construcción de las grandes pirámides de Egipto
2637 a.C.	Calendario chino, inventado por el legendario emperador Huang di
1600 a.C.	Erección de Stonehenge en Inglaterra
735 a.C.	Fundación de Roma
600 a.C.	Calendario de Zoroastro con el año comenzando en el equinoccio de invierno, usado todavía en el Irán islámico
46 a.C.	Julio César revisa el calendario romano
500	Dionisio el Exiguo fija la fecha del nacimiento de Jesucristo, y propone el término Anno Domini, el Año de Nuestro Señor
622	Calendario Hijri
900	Calendario Maya, el más exacto de los calendarios
1077	Calendario Jalali, inventado por Omar Khayyam de Persia
1100	Pirámide maya en Yucatán
1582	Calendario gregoriano

1752	Gran Bretaña y sus colonias abandonan el calendario juliano
1844	Calendario Badi de la religión Baha'i
1873	Los budistas de Japón adoptan el calendario gregoriano
1917	La URSS adopta el calendario gregoriano
1957	La India adopta el calendario gregoriano

Sobre los calendarios

Los calendarios son sistemas ordenados que ajustan los días en los meses y los meses en los años.

Hace muchos, muchos años, tantos como en el 3000 a.C., los babilonios, que vivían en una parte de lo que hoy día es Irak, y los egipcios inventaron los calendarios lunares. Se basaban en los ciclos de la Luna y estaban divididos en meses, con un total de 354 días. Los atenienses tenían un calendario similar.

Algo después, los egipcios adoptaron el calendario solar, al darse cuenta de que las crecidas del río Nilo, fundamentales para la vida de la zona, se producían cada 365 días. El calendario constaba de 12 meses con 30 días. Al final de cada año, quedaban 5 días en los que se festejaba el nacimiento de los dioses más importantes.

Los romanos utilizaron un calendario lunar de 355 días, que durante el reinado de Julio César alcanzó un desfase de 3 meses con respecto al año solar. En el año 45 de nuestra era, César reformó el calendario. El año 46 tuvo 3 meses más, y del mismo modo que hicieron los egipcios, se adoptó un calendario solar de 365 días, mucho más parecido al que utilizamos hoy día. También incorporó un día extra cada cuatro años, el Año Bisiesto. Se llamó calendario Juliano y se utilizó hasta el final de la Edad Media.

Quinientos años después de la muerte de César, se empezó a relacionar el cómputo del tiempo con el nacimiento de Cristo. Muchas sociedades no cristianas utilizan e.c. (era común) en lugar de d.C. (después de Cristo) y a.e.c. (antes de la era común) en vez de a.C. (antes de Cristo). El calendario musulmán Hijri comienza su cuenta desde el AH (Año de la Hégira), el Año de la Emigración, el día en que Mahoma fue de la Meca a Medina.

El año del calendario Juliano tenía un desfase de 11 minutos con respecto al año solar, de modo que en el siglo xvi se había acumulado un error de una semana. ¡A la larga, la Semana Santa llegaría a coincidir con la Navidad! Así que en 1582, el papa Gregorio XIII suprimió 10 días (del 5 al 15 de octubre) y decretó que los años seculares, los acabados en dos ceros, como por ejemplo el 1700, sólo fuesen bisiestos aquellos que fueran divisibles por 400. Lo que significa en la práctica que tres años bisiestos se omitirían cada cuatro siglos. Además también se cambió la fecha de inicio del año, del 21 de marzo al 1 de enero. Los meses que van de septiembre a diciembre mantuvieron sus nombres originales, que significan 7°, 8°, 9° y 10° meses del año, a pesar de que al comenzar el año en enero, habían pasado a ser los meses del 9° al 12°. Este calendario gregoriano es el que utilizamos todavía hoy en día.

El calendario chino, inventado sobre el 2700 a.C., contabiliza el tiempo numerando los meses y dando el nombre de 12 animales diferentes a los años. Todavía se utiliza para fijar las fechas de los festivales de la Cosecha de la Luna y el Año Nuevo (que se celebra entre el 20 de enero y el 19 de febrero del calendario Juliano).

La Iglesia ortodoxa oriental aún utiliza el calendario Juliano, de modo que los católicos griegos celebran la Navidad algunos días después que el resto de los cristianos.

Tiempo lunar

Algunos pueblos de la Antigüedad inventaron algunos calendarios basados en los ciclos de la Luna para saber cuándo plantar las semillas o fijar las fechas de las festividades religiosas. Puedes utilizar una lámpara y una bola para observar las distintas fases de la Luna.

Necesitas:

Una lámpara eléctrica
Una pelota de tenis blanca
Lápiz y papel

Cómo hacerlo:

En una habitación oscura, coloca la lámpara sobre una mesa. De espaldas a la luz y con el brazo estirado, sostén la pelota con una mano. Levanta la pelota lo suficiente como para que la luz incida sobre ella. Observa la zona de la pelota que ilumina la lámpara. Representa la luna llena. Gira la pelota despacio de derecha a izquierda, manteniéndola en frente de ti y por encima de tu cabeza. Observa los cambios que se producen en la zona de la pelota iluminada que ves, cuando haces un giro completo. Para en cada octavo de vuelta y dibuja la forma de la parte de la pelota (la Luna) que ves iluminada.

Qué sucede:

Adviertes las distintas fases de la Luna: luna llena, cuarto creciente, cuarto menguante y luna nueva, cuando no hay ninguna zona iluminada.

Por qué:

Cada día la Luna sale unos 50 minutos más tarde que el día anterior, y tarda unas cuatro semanas en dar una vuelta alrededor de la Tierra. Durante este tiempo, la Luna crece desde la fase de luna nueva a la de luna llena para menguar a luna nueva una vez más. La cara visible de la Luna mira siempre hacia la Tierra mientras gira en torno a ella.

Una mitad de la Luna está iluminada por el Sol, mientras que la otra permanece en la oscuridad. En realidad, vemos algo más de la mitad de su superficie, porque la Luna se bambolea sobre su eje, como consecuencia de la gravedad de la Tierra. Durante la fase nueva la mitad que mira hacia la Tierra está oscura, porque la Luna se encuentra entre la Tierra y el Sol. Sin duda habrás observado a menudo la Luna en sus diversas fases, en el cielo nocturno. Pero también puedes apreciar las fases creciente y menguante durante el día, un poco antes de que anochezca.

DIFERENCIAS CULTURALES

Algunas sociedades dan inicio a sus calendarios con una fecha clave en la vida de sus soberanos, con la fundación de una ciudad o con hechos importantes de su religión. Los griegos midieron el tiempo en relación con la celebración de la primera Olimpiada, que tuvo lugar el 776 a.C.

Incluso hoy día, los indios Hopi, en su lengua, relacionan el tiempo con el desarrollo de los acontecimientos, como por ejemplo «cuando madura el maíz» o «cuando crece una oveja». Los habitantes de las islas Trobriand, en Nueva Guinea, fechan los sucesos diciendo lo que ocurrió «durante la infancia de fulano» o «en el año de la boda de mengano».

El calendario cordel

El calendario cordel procede de Sumatra, una gran isla de Indonesia, en el Océano Índico. Puedes fabricarte uno, introduciendo un cordón en los 30 agujeros que previamente habrás realizado sobre una cartulina, para registrar el paso de los días en un mes lunar. Por supuesto que para señalar el paso del tiempo no hace falta más que un lápiz y un papel o un calendario comprado, pero seguro que a tus amigos les alucina mucho más tu calendario cordel.

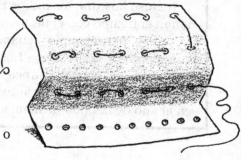

Necesitas:
Una cartulina
Un punzón para papel o unas tijeras
Un trozo largo de cordel

Cómo hacerlo:
Dobla la cartulina por la mitad en sentido longitudinal, y luego otra vez por la mitad. Perfora 7 agujeros, espaciados de forma uniforme, en tres de los cuatro dobleces de la cartulina. En el último doblez, perfora 10 agujeros, tal y como aparece en el dibujo. El día primero de un mes, ata el cordel e introdúcelo por el primer agujero. Al día siguiente, mete la cuerda por el agujero siguiente. Repite esta operación cada día del mes. Cuando necesites saber en qué día estás, no tienes más que contar el número de agujeros que hayas cubierto con el cordel.

Calendario perpetuo

Puedes averiguar el día de la semana en el que naciste. De hecho, puedes descubrir el día de la semana de cualquier fecha entre los años 1920 y 2019.

Necesitas:
Las tablas de las páginas 26-28
Tu fecha de nacimiento

Cómo hacerlo:
(1) Primero comprueba, en la tabla de los Años, la letra que aparece a la derecha del año de tu nacimiento. (2) En la tabla de los Meses busca tu letra, localiza la inicial del mes de tu nacimiento, y fíjate en el número que hay en la intersección. (3) Ahora vete a la tabla de los Días y localiza el número que acabas de encontrar, desciende por esa columna hasta la fecha en la que naciste.

Qué sucede:
Por ejemplo, si naciste el día 19 de julio de 1986: (1) Tu letra es la B. (2) Tu número es el 1. (3) Naciste en viernes.

Sorprende a tus amigos averiguando qué día de la semana nacieron. Puedes también adivinar el día de tus padres o el de alguna figura histórica, siempre que sepas las fechas de su nacimiento.

AÑOS

1920 K	1940 H	1960 L	1980 I	2000 M
1921 F	1941 C	1961 G	1981 D	2001 A
1922 G	1942 D	1962 A	1982 E	2002 B
1923 A	1943 A	1963 B	1983 F	2003 C
1924 I	1944 M	1964 J	1984 N	2004 K
1925 D	1945 A	1965 E	1985 B	2005 F
1926 K	1946 B	1966 F	1986 C	2006 G
1927 F	1947 C	1967 G	1987 D	2007 A
1928 N	1948 K	1968 H	1988 L	2008 I
1929 B	1949 F	1969 C	1989 G	2009 D
1930 C	1950 G	1970 D	1990 A	2010 E
1931 D	1951 A	1971 E	1991 B	2011 F
1932 L	1952 I	1972 M	1992 J	2012 N
1933 G	1953 D	1973 A	1993 E	2013 B
1934 A	1954 E	1974 B	1994 F	2014 C
1935 B	1955 F	1975 C	1995 G	2015 D
1936 J	1956 N	1976 K	1996 H	2016 L
1937 E	1957 B	1977 F	1997 C	2017 G
1938 F	1958 C	1978 G	1998 D	2018 A
1939 G	1959 D	1979 A	1999 E	2019 B

MESES

	E	F	M	A	M	J	J	A	S	O	N	D
A	1	4	4	7	2	5	7	3	6	1	4	6
B	2	5	5	1	3	6	1	4	7	2	5	7
C	3	6	6	2	4	7	2	5	1	3	6	1
D	4	7	7	3	5	1	3	6	2	4	7	2
E	5	1	1	4	6	2	4	7	3	5	1	3
F	6	2	2	5	7	3	5	1	4	6	2	4
G	7	3	3	6	1	4	6	2	5	7	3	5
H	1	4	5	1	3	6	1	4	7	2	5	7
I	2	5	6	2	4	7	2	5	1	3	6	1
J	3	6	7	3	5	1	3	6	2	4	7	2
K	4	7	1	4	6	2	4	7	3	5	1	3
L	5	1	2	5	7	3	5	1	4	6	2	4
M	6	2	3	6	1	4	6	2	5	7	3	5
N	7	3	4	7	2	5	7	3	6	1	4	6

DÍAS

	1	2	3	4	5	6	7
Lunes	1						
Martes	2	1					
Miércoles	3	2	1				
Jueves	4	3	2	1			
Viernes	5	4	3	2	1		
Sábado	6	5	4	3	2	1	
Domingo	7	6	5	4	3	2	1
Lunes	8	7	6	5	4	3	2
Martes	9	8	7	6	5	4	3
Miércoles	10	9	8	7	6	5	4
Jueves	11	10	9	8	7	6	5
Viernes	12	11	10	9	8	7	6
Sábado	13	12	11	10	9	8	7
Domingo	14	13	12	11	10	9	8
Lunes	15	14	13	12	11	10	9
Martes	16	15	14	13	12	11	10
Miércoles	17	16	15	14	13	12	11
Jueves	18	17	16	15	14	13	12
Viernes	19	18	17	16	15	14	13
Sábado	20	19	18	17	16	15	14
Domingo	21	20	19	18	17	16	15
Lunes	22	21	20	19	18	17	16
Martes	23	22	21	20	19	18	17
Miércoles	24	23	22	21	20	19	18
Jueves	25	24	23	22	21	20	19
Viernes	26	25	24	23	22	21	20
Sábado	27	26	25	24	23	22	21
Domingo	28	27	26	25	24	23	22
Lunes	29	28	27	26	25	24	23
Martes	30	29	28	27	26	25	24
Miércoles	31	30	29	28	27	26	25
Jueves		31	30	29	28	27	26
Viernes			31	30	29	28	27
Sábado				31	30	29	28
Domingo					31	30	29
Lunes						31	30
Martes							31

LA SEMANA COJA

Salvo entre los judíos, la semana no siempre ha tenido siete días. El mes de los griegos tenía tres semanas de diez días; los romanos tuvieron una semana de ocho días. Tras la Revolución Francesa, los franceses ensayaron una semana de diez días. Este experimento duró diez años, hasta 1806. En 1929, la Unión Soviética puso a prueba una semana cambiante de cuatro días laborables y un quinto para descansar, pero al cabo de dos años abandonaron esta iniciativa.

Domingo significa día del Señor (Dominus en latín), y lunes, de la Luna. El resto de los días de la semana tienen nombres de dioses antiguos:

Martes por Marte
Miércoles por Mercurio
Jueves por Júpiter
Viernes por Venus
Sábado por Saturno, padre de Júpiter

3. MIDIENDO EL TIEMPO CON EL SOL

Nuestros antepasados se ocuparon con detenimiento del amanecer, el mediodía y el atardecer. Observaban el Sol o la sombra que proyectaban los árboles o las rocas o las distantes colinas.

Durante diez o tal vez, incluso, veinte siglos, la medición de la sombra fue uno de los métodos más importantes para contabilizar el tiempo. El reloj de sol se menciona en la Biblia en un incidente que tuvo lugar, según dicen los eruditos, en el 741 a.C.

En los *Cuentos de Canterbury* de Chaucer, escritos en torno a 1400, los Parson calculan el tiempo sobre la base de su altura y la longitud de sus sombras. Algunos personajes de las obras de Shakespeare utilizan relojes de sol.

CRONOLOGÍA DE LOS RELOJES DE SOL

1500 a.C.	Fragmento del primer reloj de sol conocido (se conserva en un museo de Berlín)
900 a.C.	Los egipcios fabrican relojes de sombra con forma de T y las horas marcadas en una escala
600 a.C.	Anaximandro de Mileto, un filósofo y astrónomo griego, introduce el reloj de sol en Grecia
600-300 a.C.	Se inventa un instrumento que no tiene que ser girado durante la tarde
200 a.C.	Berossus, un astrónomo caldeo, describe el primer reloj de sol hemisférico
200	El reloj de sol es de uso común en Roma
100	El gnomón (la anceta) del reloj de sol tiene una inclinación angular apropiada a la latitud
1528	Un reloj solar portátil con 10 caras, cada una para una latitud diferente

¿Dónde va mi sombra?

Nuestros antepasados medían el tiempo a partir de las sombras formadas por el Sol. Pero ¿por qué a veces vemos una sombra y en otras ocasiones no hay ni rastro de ella?

Necesitas:
Una linterna o una lámpara
Una habitación oscura

Cómo hacerlo:
En una habitación en total oscuridad, coloca la lámpara o la linterna a una distancia aproximada de 1,5 m de la pared. Si la pared es de color oscuro, puedes poner encima una hoja de papel. Sitúate detrás del foco de luz. ¿Proyectas alguna sombra? Ahora, colócate entre la lámpara y la pared. Luego, acércate hacia la pared.

Qué sucede:
Cuando estás situado detrás de la lámpara, no proyectas ninguna sombra. Cuando estás cerca de la luz y lejos de la pared, se forma una gran sombra. A medida que te alejas de la luz, la sombra se va haciendo más pequeña.

Por qué:
Proyectas una sombra al bloquear los rayos de luz. Cuando te alejas de la fuente de luz, tu sombra se hace más pequeña porque interrumpes una menor cantidad de rayos de luz. Cualquier objeto que impide que la luz lo traspase, crea una sombra, un área de menos luz.

¿Por qué a veces soy muy alto?

Éste es un sencillo experimento que te mostrará *cómo* la longitud de una sombra cambia cuando la fuente de luz modifica su posición.

Necesitas:
2 lápices
Una hoja de papel
Un carrete de hilo
Una linterna

Cómo hacerlo:
Sobre una hoja de papel, coloca uno de los lápices en el agujero del carrete de hilo. Mantén a oscuras una habitación e ilumina el lápiz con la linterna, sujetándola desde diversos ángulos. Apunta la longitud de cada una de las sombras.

Qué sucede:
Cuando la linterna está alejada y enfoca directamente sobre el lápiz, la sombra es corta. Mientras que cuando la luz está cerca e inclinada, la sombra es larga.

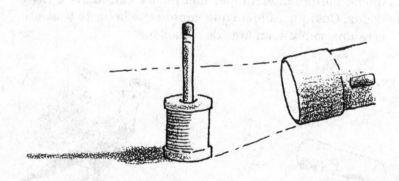

Por qué:

Cuando la linterna está cerca e inclinada, la sombra es larga porque el lápiz intercepta más rayos de luz. Este experimento nos demuestra por qué las sombras son más largas en el polo norte que en el ecuador. El Sol cae directamente sobre la Tierra en el ecuador e indirectamente en los polos.

Observa la sombra

¿A qué hora del día es más corta la sombra? Puedes averiguarlo si observas las sombras que produce el Sol, de modo semejante a cómo lo hacían nuestros antepasados.

Necesitas:

Un árbol o un poste
   de la luz
Tizas o piedras
Lápiz y papel
Un reloj
Cinta métrica

Cómo hacerlo:

Localiza en algún lugar cercano un árbol o un poste de la luz, ubicados en un lugar soleado la mayor parte del día.

Señala, con la tiza o la piedras, el perfil de su sombra cuando te levantes por la mañana. Mide la longitud de la sombra. Realiza la misma operación, más tarde, al mediodía o, si el experimento lo llevas a cabo durante el horario de verano, una hora más tarde. Para terminar, marca y mide la sombra que se origina al final de la tarde, antes de la puesta de sol.

Qué sucede:

La sombra es más corta al mediodía. Las que se proyectan a primera hora de la mañana y a última hora de la tarde son mucho más largas.

Por qué:

El Sol está mucho más alto en el cielo al mediodía y por lo tanto proyecta sombras más cortas. Sin embargo, tu reloj y el Sol pueden no estar de acuerdo en cuándo es mediodía. (Véase la página 48 para encontrar la solución.)

Reloj de sombra

El más antiguo instrumento para medir el tiempo, un tosco precursor del reloj de sol, fue un reloj de sombra egipcio. Está fechado entre los siglos X y VIII a.C. y realizado en piedra. Puedes construirte uno con algunos materiales que tengas en casa.

Necesitas:
2 cartones de leche vacíos
Pegamento o cinta adhesiva
Tijeras
Una ficha
Un rotulador

Cómo hacerlo:
Coloca un cartón de leche sobre uno de sus laterales. Sitúa el otro encima, de forma perpendicular. Pega la ficha, o una cartulina de unos 3 cm aproximadamente, a ambos cartones, siguiendo el modelo de la ilustración. Por la mañana, sal al exterior y coloca el reloj de sombra, orientando hacia el este la parte donde se cruzan ambos cartones. Por la tarde, dale la vuelta, de forma que señale hacia el

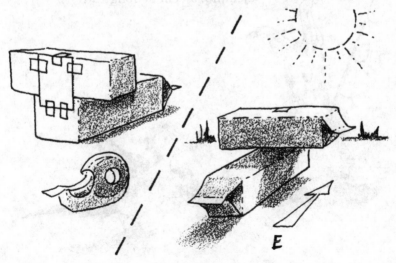

E

oeste. Marca la sombra cada hora, comprobando el tiempo con tu reloj.

Qué sucede:

La sombra se acorta hacia la hora de comer y se alarga hacia la hora de la cena. ¡Fíjate y verás cómo cambia de una hora a otra! Las sombras son más alargadas en las primeras y últimas horas del día y más cortas en la franja central.

Por qué:

Únicamente en el ecuador, los espacios señalados para cada hora serán iguales unos de otros, ya que allí la luz solar incide directamente sobre la Tierra. A diferencia del día y el año, que están dictados por la rotación de la Tierra sobre su eje y la traslación alrededor del Sol, la hora es una división arbitraria, inventada por la gente. El día transcurre de una medianoche a otra medianoche, pero podría estar dividido, y de hecho lo ha estado, en 20, 6 o 3 partes en lugar de en 24 horas. Los antiguos egipcios no quedaban, por ejemplo, a las dos o las tres en punto. Decidían encontrarse cuando la sombra tuviera, por ejemplo, 50 cm de longitud.

¿Qué es un ángulo?

Hacia el siglo i se descubrió que un objeto inclinado produce una sombra que se ajusta de forma más precisa al tiempo que un objeto vertical. Esto es más cierto si el objeto, gnomón, se inclina en el mismo ángulo que la latitud del lugar en el que se utiliza. En este caso, su dirección es la misma a cualquier hora del día, independientemente de la estación del año.

El término gnomón procede del griego y significa «conocer» el tiempo.

Necesitas:
2 trozos de cartón de aproximadamente 15 × 20 cm
Un palo o un lápiz de unos 10 cm
Un transportador de ángulos
Un atlas
Unas tijeras
Pegamento
Un reloj
Un rotulador

Cómo hacerlo:
En un atlas, observa la latitud del lugar en el que vives, es decir, la distancia (en grados) norte o sur con respecto al ecuador. Réstalo a 90° (por ejemplo, 90° - 50° = 40°). En uno de los cartones, recorta dos trozos con forma de cuña y con el ángulo que hayas obtenido de la resta (fíjate en la ilustración A).

En el otro cartón, dibuja a una distancia de unos 3 cm una línea paralela al borde (observa la ilustración B).

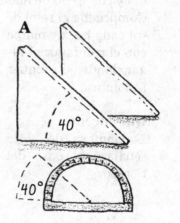

Pega el palo de 10 cm en la mitad de la línea y formando un ángulo recto con el cartón. Valiéndote del transportador de ángulos, divide el espacio, a partir de la línea, en 12 ángulos de 15° cada uno. Marca

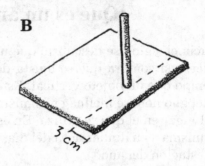

el punto central con el 12 y los puntos inferiores con el 6. Luego pon el resto de los números (tal y como indica la ilustración C).

Pega los trozos con forma de cuña al cartón, pero fijándote en que la línea de las horas quede en la zona más inclinada (fíjate en la ilustración D).

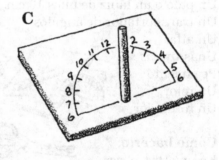

Nivela el reloj de sol. Orienta el borde donde inciden los dos cartones en dirección este a oeste. Una forma sencilla de orientarlo es al mediodía y colocarlo de manera que la sombra caiga sobre el 12. Comprueba el reloj de sol cada hora y marca con el rotulador el lugar donde se produce la sombra.

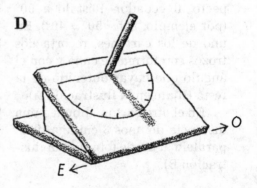

Qué sucede:
La sombra del palo señalará el paso del tiempo.

Por qué:

Has colocado el reloj de sol de forma que el gnomón esté en la misma dirección que el eje de la Tierra y la cartulina superior sea paralela a la superficie en el polo norte.

Pero no siempre coincidirá con tu reloj.

¿POR QUÉ HAY DIFERENCIA?

T.A.L., tiempo aparente local, es el tiempo medido por el actual movimiento de la Tierra con respecto al Sol. Se diferencia estación a estación y de un lugar a otro. Es el tiempo que se mide con el reloj de sol.

T.M.L., tiempo medio local, mide la velocidad media a la que la Tierra gira con respecto al Sol. Nuestros relojes miden el tiempo medio local.

Reloj de mano

En el siglo XVI, un xilógrafo alemán descubrió un reloj portátil único, que no necesitaba un mecanismo muy específico. Si conoces la latitud de tu zona (véase la página 39), puedes medir el tiempo sin necesidad de reloj. En realidad, puedes ser un reloj humano.

Necesitas:
Un palo o un lápiz pequeños
Tus dos manos
Un día soleado

Cómo hacerlo:
Mira en un atlas o en un mapamundi cuál es la latitud de tu zona. Por la mañana utiliza tu mano izquierda, y por la tarde,

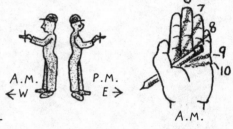

tu mano derecha, sosteniendo el palo con tus pulgares. Inclina el palo en un ángulo aproximadamente igual al de la latitud de tu zona, tal y como muestra la ilustración. Mantén tu mano izquierda, hacia arriba, orientada al oeste. Por el contrario, tu mano derecha, en igual posición, debe orientarse hacia el este.

Qué sucede:
¡La sombra de tus manos indica la hora!

Por qué:

Has convertido el palo en un gnomón, paralelo al eje de la Tierra, como en el experimento anterior. Pero recuerda, tu reloj de mano no se corresponderá con el reloj de muñeca. (Véanse las páginas 41 y 48.)

Marcas de mediodía

Ahora, en vez de medir el tiempo por la posición de una sombra, puedes medirlo por la posición de un rayo de luz. Es fácil pero necesitarás algo de paciencia para llevarlo a cabo en dos estaciones.

Necesitas:
Una ventana orientada al sur
Un trozo de cartulina negra
Un clavo
Cinta adhesiva
Lápiz

Cómo hacerlo:
Perfora una agujero en la cartulina de un diámetro de ½ cm aproximadamente. Pega la cartulina a la ventana orientada al sur. Con un trozo de cinta adhesiva señala en el suelo el lugar en el que incide un rayo de sol, al mediodía, en un día de invierno. Lleva a cabo la misma operación en un día de verano. Une los dos puntos marcados en el suelo.

Qué sucede:

Siempre que el rayo cruce la línea, será el mediodía aparente local, la hora solar (no la de tu reloj), las 12 del mediodía. La hora solar y la de tu reloj sólo coincidirán los días 16 de abril, 14 de junio, 2 de septiembre y 25 de diciembre.

Por qué:

Los días solares difieren en longitud. Existen dos razones: (1) La Tierra se mueve más deprisa cuando se acerca al Sol y (2) la órbita de la Tierra alrededor del Sol es una elipse, no un círculo perfecto.

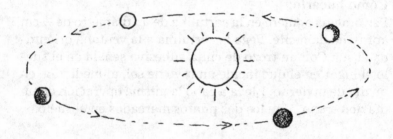

AGUJEROS DE MEDIODÍA

En las antiguas catedrales de Europa todavía se pueden apreciar las marcas del mediodía. En el Duomo de Milán, una iglesia fechada en 1380, hay un agujero por el que entra la luz solar en una pared, cerca del techo, y signos del zodíaco señalando los meses sobre el suelo de mármol. A modo de gran tabla horaria, la luz solar iluminará el símbolo de cada mes.

Husos horarios

Las diferencias entre la hora solar y la hora que marca un reloj dependen de la zona horaria en la que estés. Puedes comprobarlo por ti mismo con el reloj de sombra. (Véase la página 97 para una explicación de los husos horarios.)

Necesitas:
Un palo (o una cuerda larga con una piedra atada a un extremo)

Cómo hacerlo:
Coloca un palo vertical sobre el suelo. Cuando su sombra sea más corta, comprueba la hora con tu reloj.

Qué sucede:
Si vives en el extremo este de tu zona horaria, el Sol señalará el mediodía antes de que lo haga tu reloj. Si vives en el oeste de la misma zona, el Sol indicará el mediodía más tarde que tu reloj. Si coincide con el horario de verano, tendrás que tenerlo en cuenta, tu reloj indicará una diferencia de una hora o dos.

Por qué:
La zona geográfica en la que se utiliza la misma hora es grande. Solamente en el centro de la región el Sol estará en el punto más elevado del cielo al mediodía y coincidirá con lo que marcan nuestros relojes.

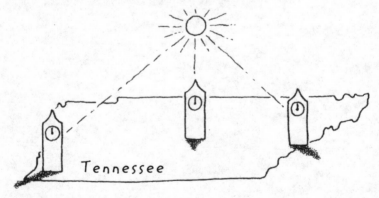

Tennessee

LA HORA CAMBIANTE

En la actualidad, dividimos el día en 24 partes iguales a lo largo de todo el año; pero no siempre ha sido así. Los egipcios dividían el día con luz en 12 partes y la noche en 12 partes, pero durante el verano, cuando los días eran más largos, alargaban las divisiones del día.

Los babilonios hicieron algo semejante, pero dividían el día en 12 horas en vez de 24. Utilizaron dos sistemas. Uno comenzaba en la medianoche y dividía el día en seis partes, cada una de ellas con 60 subdivisiones. El otro medía el comienzo de un día desde la puesta de sol y lo fragmentaba en 12 divisiones con 30 subdivisiones.

Los antiguos hebreos dividieron el día en 6 partes, 3 luminosas y 3 oscuras. Mientras los chinos adoptaron un sistema horario igual allá por el siglo VI a.C., los europeos cambiaban la longitud de las horas de acuerdo con las estaciones hasta el siglo XIV. Los japoneses continuaron cambiando las horas hasta 1868.

4. RELOJES PARA LOS DÍAS NUBLADOS Y LA NOCHE

Los relojes de sol, por supuesto, no pueden usarse en los días nublados ni por la noche. La gente ha utilizado una gran cantidad de recursos caseros para medir el tiempo en ausencia de sol. Para marcar las horas se hacían nudos en las cuerdas, se quemaban determinadas cantidades de aceite o incienso y se preparaban velas especiales.

CRONOLOGÍA DE LOS DÍAS NUBLADOS

1400 a.C.	Los egipcios y mesopotamios empiezan a fabricar cristal
1450 a.C.	Los egipcios inventan el reloj de agua
700 a.C.	Los asirios adoptan el reloj de agua
38 a.C.	Platón procede a incorporar una alarma al reloj de agua
200 a.C.	Se inventa en Alejandría el reloj de arena
250 a.C.	Ctesibius, un ingeniero de Alejandría, añade unos engranajes conectados a una aguja sobre un tambor para indicar el tiempo
150 a.C.	Plinio cuenta que el reloj de agua reemplaza al reloj de sol como medidor del tiempo oficial
50	Atenas adopta el reloj solar de agua

725 T-Xing, un monje budista, y Liang-Zen, un ingeniero chino, construyen un reloj de agua con un escape usado para mover varios mecanismos astronómicos

875 Se mide el tiempo con velas calibradas

Velas-reloj

Las velas que se utilizan en las cere-
monias religiosas son reminiscencias
de las antiguas velas-reloj, que datan
del siglo IX.

Necesitas:
2 velas
5 cm de cordel
2 candelabros o soportes para velas
2 platos
5 clips
Regla
Reloj

Cómo hacerlo:
Ata un clip a un extremo del cordel.

Iguala las velas, cortando o quemando las puntas. Mí-
delas. Apunta los datos. Luego inserta una de las velas en
el soporte y colócalo sobre un plato. (Trabaja cerca del fregadero bajo la supervisión de algún adulto.) Enciende la
vela y deja que se consuma durante 10 minutos. Haz un

lazo con el cordel en la segunda vela en el lugar correspondiente a los 10 minutos y átalo con un nudo. Divide y señala en segmentos de 10 minutos el resto de la primera vela. Mide cada tiempo y haz un lazo con el cordel, con un clip para sujetarlo, en el lugar correspondiente de la segunda vela.

En función del tamaño de tu vela, podrás utilizar en torno a cuatro trozos de cordel. Inserta la segunda vela en el otro soporte, colócalo sobre un plato, y enciende la mecha. Comprueba tu reloj cada vez que oigas el sonido metálico del clip.

Qué sucede:
Cada diez minutos serás alertado por la «alarma»: al quemarse la cuerda el clip caerá al plato y oirás un sonido metálico.

¡POR LA NARIZ!

A los métodos que ya conoces para medir el tiempo, que se controlan por los ojos y los oídos, puedes añadir uno nuevo, ¡el sentido del olfato! Hacia el año 1300, los chinos inventaron un reloj de incienso. En un disco de madera dura se hacían ranuras y en ellas se colocaban distintos tipos de polvos aromáticos. Luego se quemaban durante 12 horas, más o menos. Cada hora se reconocía por una esencia particular.

Reloj de agua

Uno de los métodos más ingeniosos para medir el tiempo en los días nublados es el reloj de agua, la *clepsidra*. Se descubrió en Egipto y Babilonia y se utilizó unos mil años del reloj de sol.

PIDE AYUDA A UN ADULTO

Los egipcios perforaron un pequeño agujero en la base de una gran vasija de arcilla, ancha en la boca y estrecha en el fondo, y con marcas horizontales en la cara interior, que correspondían cada una a una hora. A medida que el agua se iba vaciando, podían medir el tiempo transcurrido observando las líneas y el nivel del agua en la vasija.

Puedes fabricarte tu propia clepsidra con un recipiente de plástico.

Necesitas:
Un recipiente de plástico
Un trozo pequeño de cinta adhesiva (opcional)
Un cubo o la utilización del fregadero
Un rotulador
Un clavo o perforador
Una jarra de agua
Un reloj o cronómetro
Papel y lápiz

Cómo hacerlo:
1. Con el rotulador marca 3 o 4 líneas, a distancias iguales unas de otras, en el interior del recipiente. Luego perfora un pequeño agujero en el fondo. Cubre el agujero con un trozo de cinta adhesiva o con uno de tus dedos. Llena el recipiente con agua. Colócalo sobre un cubo (o el fregadero), descubre el agujero y observa cuánto tarda en vaciarse. Anota tus hallazgos.
2. Llena de nuevo el recipiente con agua. Esta vez anota el tiempo que tarda el agua en alcanzar cada una de las lí-

neas que has marcado, así como el tiempo que tarda en vaciarse por completo.

Qué sucede:

Tarda exactamente el mismo tiempo en vaciarse en las dos pruebas, pero el tiempo que tarda entre una línea y otra es diferente.

Por qué:

El agua ejerce menos presión a medida que el recipiente se va vaciando, de modo que corre más despacio que cuando estaba lleno.

Puedes experimentar con recipientes de tamaños y formas diferentes. Observa si existe alguna diferencia al utilizar agua caliente o bien agua fría de la nevera.

NO DEL TODO PERFECTO

A diferencia de las velas-reloj, el reloj de agua podía ser usado una y otra vez. Pero también ofrecía problemas. Aunque no necesitaba del Sol para mostrar el paso del tiempo, realmente no era un reloj para cualquier momento. Cuando hacía mucho frío, el agua se helaba; si hacía demasiado calor, se evaporaba demasiado deprisa. Y cuando había sequía, por causas naturales o humanas, no funcionaba.

Recorriendo dos caminos

Para que el reloj de agua sea más seguro, tiene que fluir por dos recipientes al mismo tiempo.

Necesitas:
Un listón o regla larga
Cinta adhesiva
2 vasos de plástico duros
Un clavo o un punzón
Un grifo
Un reloj
Un cuenco de
     cristal

Cómo hacerlo:
Perfora un pequeño
agujero en el fondo de
cada uno de los vasos. Co-
loca el listón de forma vertical y sujeta los vasos a él, tal y como muestra la ilustración. Pega también el cuenco al listón con los vasos
hacia el interior, de modo que queden sobre el cuenco.

Cubre el agujero del vaso superior con un trozo de cinta adhesiva. Llena el vaso con agua. Luego colócalo bajo
un grifo abierto, pero con el agua corriendo despacio, y
descubre el agujero.

Cada cinco minutos, utiliza un rotulador para señalar
el nivel del agua en el vaso inferior y en el cuenco.

Qué sucede:
El agua fluye en una proporción constante y las marcas están a una misma distancia unas de otras.

Por qué:
Puesto que la cantidad de agua que fluye procede de un vaso que siempre está lleno, la presión del agua permanece igual y por lo tanto el agua sale en la misma proporción.

Reloj de arena

Hace mucho tiempo, los relojes de arena controlaban la duración de algunos trabajos. Medían los sermones, los discursos y las presentaciones en los tribunales, por ejemplo. En el siglo XVIII y hasta la invención de los cronómetros, los barcos llevaban relojes de arena de cuatro horas. Ahora, el uso más común de estos relojes es medir el tiempo que tarda en hervir un huevo.

Necesitas:

2 frascos trasparentes pequeños
Cartulina
Cinta adhesiva
Sal o arena
Un clavo o punzón
Unas tijeras
Un reloj o cronó-
    metro

Cómo hacerlo:

Recorta un círculo de cartulina que se ajuste a la boca de los frascos. En el centro del círculo, perfora un pequeño agujero con un clavo o punzón. Coloca un poco de sal o arena en uno de los frascos y cúbrelo con el disco de cartulina. Pega el segundo bote al primero, boca contra boca. Asegúrate de que estén bien pegados. Luego dale la vuelta y mide el tiempo que tarda en quedarse vacío.

Ahora haz un agujero más grande y cambia la cantidad de arena. Mide el tiempo de nuevo.

Qué sucede:

El tamaño del agujero, mayor o menor, y las variaciones en la cantidad de sal o arena, modifican el tiempo que tarda el frasco en vaciarse.

Por qué:

La gravedad obliga a la arena a caer en una proporción estable. ¿Qué ventajas ofrece el reloj de arena sobre el de agua? Es transportable, no se derrama como el agua, y el clima no lo afecta. Puedes utilizarlo una y otra vez durante períodos muy largos, si te ocupas de darle la vuelta cuantas veces sea necesario. Es divertido e incluso puede serte útil.

CUESTIÓN DE NUDOS

Durante muchos años, fue una práctica habitual en los barcos echar por la borda una cuerda delgada compensada en un extremo con un trozo de madera y con nudos a intervalos regulares. Un marinero sostenía la cuerda mientras se arrastraba por el agua y controlaba cuántos nudos pasaban por sus manos, durante el tiempo que tardaba en vaciarse un reloj de arena. De este modo, se estimaba la velocidad o «nudos» a la que el barco navegaba. La velocidad náutica todavía se mide en nudos.

Inventa tu propio reloj

Hay muchos tipos de relojes: desde los fenómenos naturales a los inventos humanos, desde los más simples a los más complejos. El escritor Albert Camus narró la historia de un anciano que consideraba el reloj un artilugio tonto, además de un gasto innecesario. Por esta razón, diseñó su propio «reloj», que medía únicamente los tiempos que le interesaban. Calculó las horas de las comidas con dos cacerolas, una de las cuales estaba siempre llena de guisantes, a la hora de levantarse por la mañana. Llenaba la otra, guisante a guisante, a una velocidad constante y cuidadosamente regulada. Cada 15 ollas de guisantes, ¡era la hora de la comida!

Cinco graduados de la Escuela Fieldston, en Riverdale, Nueva York, inventaron sus propios relojes: uno hizo un despertador efervescente utilizando vinagre que goteaba sobre bicarbonato, otro medía cuánto tardaba el calor en inflar un globo.

¿Puedes inventar un reloj con utensilios que tengas por casa o a partir de actividades cotidianas?

5. MIDIENDO EL TIEMPO CON LAS ESTRELLAS

Los antiguos egipcios construían relojes de sol para seguir el paso de las horas diurnas, pero durante la noche medían el movimiento de las estrellas en los espacios celestes.

Asociaban a su diosa Isis, «señora de todos los elementos, el inicio de cualquier tiempo» con la estrella más brillante del firmamento, Sirio. Construyeron templos orientados hacia el punto en el este por el que aparecía Sirio antes del amanecer. Los astrónomos del antiguo Egipto seguían en su calendario la trayectoria de Sirio, y el año nuevo comenzaba con la primera luna nueva tras la aparición de Sirio, y todos aguardaban las inundaciones anuales que irrigaban la tierra.

En el hemisferio norte, cualquier tarde de febrero es un momento adecuado para observar Sirio, junto a un pequeño grupo de estrellas, que forman la constelación de Orión. En los meses de invierno, sobre las 9 y en dirección sur, se puede ver Orión, pero no es visible en los cielos veraniegos del hemisferio norte.

Para localizar Sirio, Can Mayor, utiliza como guía la línea del cinturón de Orión y mira hacia el sur.

CRONOLOGÍA DE ESTRELLAS

3000 a.C.   Los antiguos babilonios hacen anotaciones astronómicas

300 a.C.   Los astrónomos chinos diseñan una carta con la posición de las estrellas

280 a.C.   Aristarco sugiere que la Tierra gira alrededor del Sol

140   Ptolomeo sostiene que los planetas giran alrededor de la Tierra, una teoría aceptada durante 1.500 años.

500   El astrolabio, desarrollado en la antigua Grecia, se utiliza para calcular el tiempo y medir la posición de los cuerpos celestes. Después, los marineros lo utilizarán para navegar.

1543   Nicolás Copérnico, un sacerdote polaco, publica sus teorías: el Sol es el centro del universo. La idea se prohibió al ser considerada un desafío a la Biblia.

1608   Hans Lippershey, de Holanda inventó el primer telescopio

1609   Galileo Galilei confirma la teoría de Copérnico, pero finalmente es obligado a retractarse

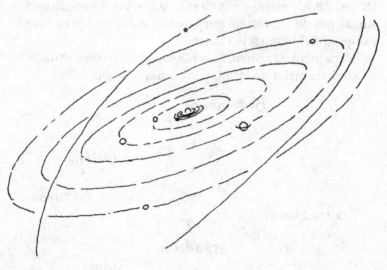

1620	El matemático alemán Johannes Kepler prueba que los planetas se mueven alrededor del Sol
1668	Isaac Newton inventa un telescopio reflector con un espejo curvo que reemplaza a una de las lentes
1739	Thomas Godfrey y John Hadley inventan el sextante

Caja planetario

Puedes hacer tu propio «planetario» creando un modelo a partir de algún grupo de estrellas que observes en el cielo.

Necesitas:
Una caja redonda
Un trozo de papel calco
Un lápiz o bolígrafo
Una linterna
Un clavo pequeño

Cómo hacerlo:
Marca un círculo sobre el papel calco u otro papel translúcido para ajustarlo al fondo de la caja. Luego copia sobre el papel las ilustraciones de la Osa Mayor, la Estrella Polar y Casiopea que aparecen más abajo. Luego pega la hoja al fondo de la caja. Las estrellas aparecerán a través del papel. Con el clavo o cualquier objeto punzante, perfora agujeros en cada una de las estrellas.

Llévate el planetario a alguna habitación oscura y oriéntalo hacia alguna pared. En el extremo abierto de la caja, introduce una linterna de modo que proyecte la luz hacia el otro extremo.

Da vueltas a la caja lentamente.

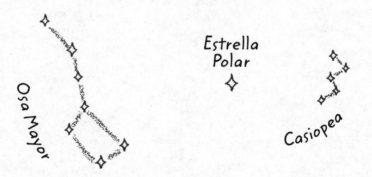

Qué sucede:

Sobre la pared aparecerá una imagen ampliada. A medida que das vueltas a la caja, irás viendo las diversas posiciones de las estrellas y tendrás la sensación de que giran.

Por qué:

La Tierra rota sobre su eje, por esta razón las constelaciones parecen dar vueltas alrededor de la Estrella Polar, que permanece fija en el cielo. Por lo tanto, verás estas constelaciones desde cualquier posición, tanto desde un extremo como desde el opuesto. La forma de W de Casiopea se convierte en una M, cuando aparece sobre la Estrella Polar.

EL CIELO COMO BRÚJULA

Si te pierdes en un bosque por la noche, puedes utilizar el cielo para orientarte. Mira la Estrella Polar, es la estrella más brillante en el hemisferio norte, si miras hacia el norte. El sur se localiza a 180° sobre el horizonte. El este a 90° hacia la derecha y el oeste a 90° hacia la izquierda.

Mapa de estrellas

Dibuja un mapa de las constelaciones que giran alrededor de la Estrella Polar y utilízalo para observar los cambios en el cielo, hora tras hora.

Necesitas:
Un círculo de cartulina o de plástico
Una linterna
Celofán rojo y cinta adhesiva (opcional)

Cómo hacerlo:
Copia esta ilustración sobre tu círculo de cartulina o plástico.
   Pega el celofán sobre la linterna.

1. A las 9 en punto de una noche sin luna, coge tu mapa de estrellas y la linterna y sal al exterior. (El color rojo previene el exceso de brillo y podrás ver las estrellas.) Gira el mapa de modo que el mes en el que realices la observación esté en la parte superior. Sostén el mapa sobre tu cabeza y observa en el cielo donde aparezca el mismo patrón.

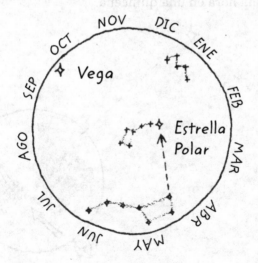

2. Cualquier otra noche, sal sobre las 7 o las 10 y compara igualmente el mapa de estrellas con el cielo.

Qué sucede:

A las 7 has girado el mapa un mes en la dirección de las agujas del reloj, para que te coincida con el cielo. A las 10 has girado medio mes, en sentido contrario a las agujas del reloj.

Por qué:

La Estrella Polar permanece en el cielo aproximadamente en el mismo lugar, lejos, pero directamente sobre el polo norte de la Tierra. La causa es que el eje de la Tierra se orienta en esta dirección todo el año.

Pero el resto de las estrellas y las constelaciones parecen girar alrededor de la Estrella Polar una vez al día, *moviéndose en dirección contraria a las agujas del reloj.* Al rotar la Tierra, parece como si todo el cielo girase, aunque las estrellas no cambien de posición unas respecto de otras. Puesto que una rotación dura 23 horas y 56 minutos, una estrella parecerá elevarse y colocarse en su posición cuatro minutos antes que el día anterior. Al largo de un mes, sumará dos horas (30 × 4 = 120 minutos) y, por supuesto, una hora en una quincena.

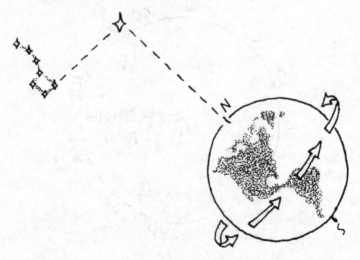

Conocer la hora con las estrellas

Orión es una de las 88 constelaciones o grupos de estrellas a las que hace mucho tiempo las gentes denominaron con los nombres de héroes, dioses y animales que tenían aspecto semejantes. Nosotros seguimos utilizando esos nombres latinos con la traducción a nuestra lengua. Hoy día, las estrellas nos sirven como calendario y para orientarnos.

El único lugar desde el que se pueden observar las 88 constelaciones a lo largo de todo el año es el ecuador. En otras latitudes, tal vez puedas observar 60 en diferentes momentos, y en torno a 24 a la vez.

En los Estados Unidos, Canadá, Reino Unido y Europa puedes ver la constelación Leo, el León, siendo su estrella más brillante y alta Régulo, visible en el cielo sobre las 9 a mediados de abril.

En agosto, en la oscuridad, en la sección sudeste del cielo verás tres estrellas brillantes, el Triángulo de Verano. Directamente sobre tu cabeza, está Vega, en la constelación Lira; Deneb, de la constelación Cisne; y Altair, de la Constelación Águila.

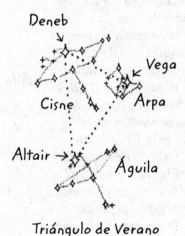

75

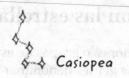

Casiopea

Pegaso

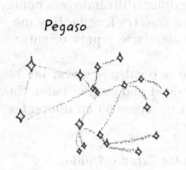

En los cielos nocturnos de octubre, justo debajo de la constelación Casiopea, con forma de W, encontrarás cuatro estrellas brillantes dispuestas en un cuadrado, formando el cuerpo de un caballo alado al revés, es la constelación Pegaso, el caballo volador.

En el hemisferio sur, la Cruz del Sur es la constelación más oriental.
Puedes verla en los cielos nocturnos de Miami y los cayos de Florida en mayo y junio, pero las cuatro estrellas que la componen son siempre visibles por debajo de las línea del ecuador: si miras al sur, desde Australia, África del sur y Sudamérica verás la Cruz justo debajo de dos estrellas brillantes: Centauro Alfa y Beta. Algunos creen que se parece más a una cometa que a una cruz.

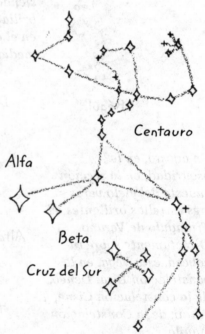

Centauro

Alfa

Beta

Cruz del Sur

Reloj de estrellas

Las estrellas nos indican el tiempo y nos permiten orientarnos en la tierra, el mar y en el aire. Puede ser divertido calcular la hora observando determinadas estrellas.

Necesitas:
3 trozos de cartulina
Un rotulador
Una brújula (opcional)
Una regla
Unas tijeras
Cinta adhesiva
Un punzón o clavo
Una grapa
Una linterna
Una hoja de papel
Pegamento

Cómo hacerlo:
Traza círculos en dos de los fragmentos de cartulina. Dibuja un círculo de unos 20 cm de diámetro. Traza otro

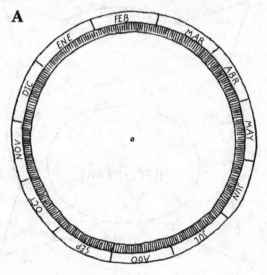

A

unos 2,5 cm más pequeño con cuatro triángulos de 7,5 cm que sobresalgan, tal y como muestra el dibujo C. Recorta los dos círculos.

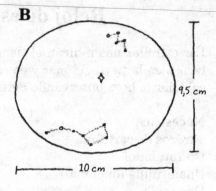

Sobre el círculo de cartulina de mayor tamaño, dibuja dos círculos de medio centímetro alrededor del anillo exterior. Divide el círculo exterior con los meses del año. Marca el círculo interior con los días del mes.

Sobre la hoja de papel, recorta un óvalo de 9,5 cm de alto y 10 cm de ancho. Copia el mapa del cielo de la ilustración B.

Sujeta el círculo mayor de forma que septiembre quede en la parte superior. Pega el mapa del cielo sobre el círculo interior, sobre los días del mes de marzo.

En el disco menor, a 2,5 cm del borde inferior, traza

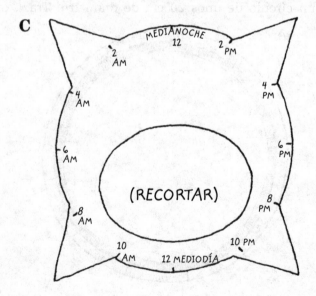

otro óvalo, de 9,5 cm y 10 cm de ancho. Recorta la sección del óvalo.

Alrededor del borde del disco menor dibuja un reloj, tal y como aparece en la ilustración C. Observa que los números, como las estrellas, van en sentido contrario a un reloj normal y cubren 24 horas en vez de 12.

Coloca el disco menor sobre la parte superior del disco mayor, de forma que puedas ver el mapa a través de la «ventana» del disco pequeño.

Pega los extremos de los triángulos del disco menor hacia las esquinas de la tercera cartulina. Perfora un agujero en el centro de las tres cartulinas. Fija la grapa a través de los tres agujeros centrales.

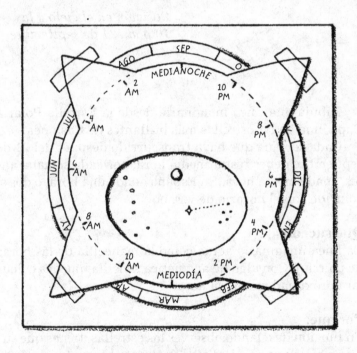

En una noche clara, preferiblemente sin luna, elige un lugar donde las luces de la calle, las casas y los árboles no obstruyan tu vista.

Mira hacia el norte y observa la Osa Mayor y Casiopea.

Dos estrellas de la Osa Mayor señalan hacia la Estrella Polar, a mitad de camino entre la Osa Mayor y Casiopea. Desde 40° de latitud norte (Nueva York, Madrid) se localizará en la mitad del cielo. Si te encuentras más al norte (Londres, está a 50° latitud), las Estrella Polar estará más alta; por el contrario, hacia el sur estará más baja.

Gira tu reloj de estrellas hasta que esté igual que el cielo.

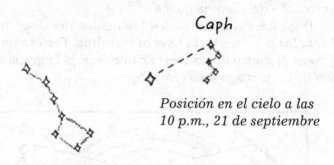

Caph

Posición en el cielo a las
10 p.m., 21 de septiembre

Dibuja una línea imaginaria desde la Estrella Polar a Caph, una de las estrellas más brillantes de Casiopea.

Cada semana que haya transcurrido después del 21 de septiembre debes restar media hora; por cada semana antes, añade media hora. En España añade una hora, o dos si coincide con el horario de verano.

Qué sucede:

La línea imaginaria actúa como la manecilla de las horas de un reloj. Con algo de aritmética sencilla, puedes calcular aproximadamente la hora.

Por qué:

En función de cuándo observes las estrellas, tienes que sumar o restar ya que el día solar en más largo que el día de las estrellas. El reloj de estrellas adelanta un poco. Como hemos observado, gana cuatro minutos cada día. En una semana adelanta una media hora ($7 \times 4 = 28$ minutos); en un mes adelanta dos horas ($30 \times 4 = 120$ minutos). Puesto que la Tierra gira en dirección contraria a las manecillas del reloj, será más temprano si tu observación la llevas a cabo *después* del 21 de septiembre, así que debes restar. Será más tarde si lo haces *antes* del 21 de septiembre, así que debes sumar.

6. RELOJES MECÁNICOS

Los primitivos relojes mecánicos se desarrollaron a finales del siglo XIII y principios del XIV. Se instalaban en los campanarios y su mecanismo consistía en un peso colgado de una cuerda, enrollada a un gran tambor giratorio. No tenían esfera y marcaban las horas mediante una figura móvil, un muñeco, que alertaba al guardián del reloj, normalmente un monje, para que tocara una campana. La palabra reloj procede del término catalán antiguo *relotge*. Pero hasta esa época, cualquier instrumento que sirviera para medir el tiempo se llamaba *horologium* (marcador de la hora).

Los grandes relojes públicos, que señalaban la hora pero no tenían esferas con manecillas, aparecieron en las ciudades italianas a principios del siglo XIV. Muchos de ellos, que todavía se conservan, utilizaban diversos «muñecos» para divertir a la gente.

Los relojes que se diseñaban para la realeza eran algo más elaborados. Luis XIV de Francia poseía un reloj con la efigie de algunos reyes de Europa, que se inclinaban ante él cuando marcaban la hora con unos bastones.

En 1730 se fabricaron en Alemania los primeros relojes de cuco, con un pájaro tallado en madera que asomaba para «cantar» la hora.

CRONOLOGÍA DE LOS RELOJES MECÁNICOS

1320   Se utilizan relojes con mecanismos movidos por un peso

1350   Relojes públicos en las ciudades de Europa

1510   Se inventan los relojes portátiles, controlados por un muelle

1583   Galileo Galilei muestra la regularidad del movimiento del péndulo

1656   Christian Huygens diseña un reloj de péndulo

1660   Huygen y Robert Hooke inventan los muelles espirales

1668   Boston posee la primera torre del reloj de la América Colonial

1675   Se fabrican relojes de pie

1676   Los relojes tiene manecillas para los minutos y la esfera se cubre con cristal

1725   Nicholas Facesi, de Basilea, incorpora cojinetes de rubíes para reducir la fricción

1730   En la Selva Negra (Alemania) se fabrican relojes de cuco

1773   El inglés John Harrison inventa un cronómetro para barcos

1803	Eli Terry de Connecticut (Estados Unidos) comienza la producción en serie de relojes
1824	Se normaliza en algunas ciudades la hora oficial
1875	Los relojes de péndulo reemplazan a los relojes con llave
1884	Se normalizan las zonas horarias establecidas

Relojes yoyó

Si piensas en cómo gira un yoyó cuando lo lanzas, tendrás una idea aproximada de cuál era el funcionamiento de los primeros relojes mecánicos. La fuente de energía que utilizaban era la producida por el movimiento de una pesa colgante, suspendida de un tambor.

Necesitas:
Un cordel largo
Un carrete de hilo vacío
Un botón fuerte o una arandela

Cómo hacerlo:
Ata un extremo del cordel a la arandela o al botón. Ata y enrolla el otro extremo al carrete. (1) Da vueltas al carrete hasta que sólo quede colgando la arandela, tal y como muestra la ilustración. (2) Desenrolla el carrete. Enróllalo de nuevo hasta que la arandela quede colgando, pero esta vez intercepta rápidamente el carrete con un dedo.

Qué sucede:

Cuando el peso cuelga, el cordel se desenrolla y el carrete gira con rapidez. Pero cuando interceptas el carrete, tu dedo actúa como un freno. Al pararse el carrete, el peso baja con un ritmo constante y lento.

Por qué:

El peso colgante suministra la energía que hace girar el carrete, mientras que la interceptación de tu dedo lo regula. Los relojes trabajan de modo semejante, por medio de un mecanismo llamado *escape*. Éste asegura que el peso caiga lenta y regularmente e impide que el tambor gire demasiado rápido y consuma toda la energía del peso con demasiada rapidez.

Estos primeros relojes, instalados en los campanarios, eran muy pesados y el peso caía de una altura de 9 m, pero eran muy inexactos.

SOLAR FRENTE A MECÁNICO

Los mecanismos de los primeros relojes eran inexactos y, por lo tanto, los relojes de sol se utilizaron con regularidad, hasta que llegaron los relojes eléctricos a finales del siglo XIX.

Sobre los engranajes

Los engranajes son ruedas con muescas o dientes. Los engranajes pequeños se llaman piñones. Los que tienen 20 o más dientes se llaman engranajes.

PIDE AYUDA A UN ADULTO

Los primeros relojes tenían un engranaje en cada extremo de un eje, el eje del carrete. El engranaje trasero se enlazaba con una serie de engranajes que regulaban el desenrollado del cordel. El otro engranaje del mismo, el que había en la zona delantera del carrete, controlaba el movimiento de las figuras (muñecos), que golpeaban las campanas para señalar las horas. Este engranaje frontal fue sustituido por una manecilla que señalaba la hora en una esfera.

Necesitas:
3 chapas de botella
Un bloque de madera
3 clavos delgados
Martillo y clavo o un
    punzón

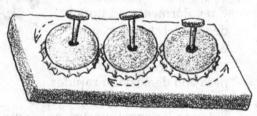

Cómo hacerlo:
Asegúrate de que las chapas no estén dobladas. Perfora un agujero en el centro de cada una de ellas. Ten cuidado de no cortarte, pide ayuda a tus padres si en tu casa no te dejan hacer estas cosas solo.

Coloca las chapas sobre el bloque de madera, pegadas unas a otras, de modo que se toquen. Sujétalas a la madera con los clavos delgados, pero deja la suficiente holgura como para que puedan girar con facilidad.

Con uno de tus dedos, da vueltas a una chapa y observa lo que sucede con las otras. Gira alguna de las chapas en dirección contraria. Gíralas despacio y luego con rapidez.

Qué sucede:
Cuando haces girar una chapa, las tres dan vueltas. Pero cada engranaje da vueltas en dirección contraria al que tiene justo al lado.

Por qué:
El dentado de cada chapa actúa como los dientes de un engranaje y se entrelaza —se engrana— con los dientes de la chapa que tiene a su lado. Además del cambio de dirección, los engranajes cambian la fuerza o la velocidad. La velocidad se incrementa cuando un engranaje pequeño es girado por la acción de uno mayor y la fuerza se incrementa cuando un engranaje mayor es girado por la acción de uno pequeño.

Los juegos de engranajes de un reloj convierten los giros lentos en giros rápidos. Conectan el eje a algunas ruedas. Como el eje gira, las ruedas giran a velocidades distintas. El regulador, el escape, controla la rapidez de giro de las ruedas. Dos de las ruedas menores hacen girar las manecillas de la esfera del reloj.

Los elementos principales de todos los relojes son (1) un mecanismo que proporciona la energía, (2) algo que regula el movimiento, generalmente un péndulo o un volante, y (3) un mecanismo intermedio, el escape, que sirve de enlace entre el primero y el segundo.

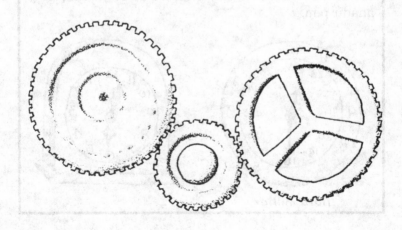

¿POR QUÉ LOS RELOJES CUENTAN HASTA 12?

¿Sabes lo difícil que resulta contar las campanadas cuando un reloj da las 12? Bien, ¡imagina, entonces, lo que sería contar 24 campanadas! Esto es lo que la gente hacía hace muchos años, cuando los relojes daban la hora en las plazas de la mayor parte de las ciudades de Europa. Por esta razón, a comienzos del siglo xv, se instauró un doble sistema de 12 horas en vez del sistemas de 24 horas de la mayoría de los países.

Este sistema que divide el día en dos bloques de 12 horas, comenzando desde la medianoche, se originó en el sur de Alemania cuando floreció la venta de los relojes mecánicos de fabricación local.

Una gran parte de las organizaciones militares y algunas zonas de Europa, por el contrario, todavía utilizan el sistema de 24 horas, comenzando en la medianoche. Por ejemplo, las 12:59 a.m. son 00:59; 1:00 a.m. es 01:00; las 12 del mediodía son las 12:00; 12:59 p.m. son 12:59; 1:00 p.m. es 13:00; 10:59 p.m. son 22:59. Cuando pasas de un reloj de 12 horas a otro de 24, los minutos no cambian, pero a partir de la 1:00 p.m. se añaden 12 horas. Para convertir un sistema de 24 horas en uno de 12, debes restar 12 horas entre las 13:00 y las 23:59 y añadir p.m.

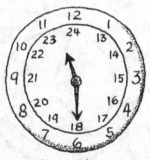

Hora militar

Relojes portátiles

En 1510, un cerrajero de Nuremberg, Peter Henlein, construyó el primer reloj portátil, sustituyendo las grandes pesas por un pequeño resorte. Por su forma ovalada, se les llamaba «los Huevos de Nuremberg» o «relojes de saco». Eran lo suficientemente pequeños como para ser llevados con una correa o cadena alrededor del cuello, pero no eran tan precisos como para tener una manecilla para los minutos.

En 1660, Robert Hooke incorporó al muelle una pequeña rueda móvil, el volante, y un corto y rígido pelo de cerdo que controlaba las oscilaciones. Mas tarde se sustituyó la cerda por un pequeño alambre de acero. Todos los relojes mecánicos se basan en este diseño.

Así, ahora el reloj mecánico tiene (1) un muelle, que suministra la energía; (2) un escape y unidad de equilibrio, que controla la liberación de energía; y (3) dos trenes de engranajes, uno transmite la energía y otro controla el movimiento de las manecillas. También incluyen un mecanismo para la cuerda del reloj y un marco o caja para protegerlo.

Cuando das cuerda a un reloj, enrollas el muelle alrededor del eje central, sujeto por un engranaje prendido a una barra con palancas saledizas. Este engranaje mueve otros engranajes, que hacen girar las manecillas del reloj.

Rubíes como cojinetes

A finales del siglo XVII y comienzos del XVIII, un relojero suizo empezó a utilizar fragmentos de zafiros y rubíes para disminuir el rozamiento entre varias partes, de modo que se movieran más suavemente y no se desgastaran tan rápido. Un reloj de 17 rubíes tiene 17 cojinetes de este material, aunque es probable que en la actualidad los «rubíes» sean sintéticos. Puedes comprobar el efecto de los cojinetes de bolas de rubí, sustituyéndolos por unas canicas.

Necesitas:
2 tapas de frascos de diferentes tamaños
Unas canicas
Unas tijeras
Cinta adhesiva
Un lápiz
Plastilina

Cómo hacerlo:
Da la vuelta a ambas tapas. Pega la tapa más pequeña a una mesa. Sujeta con cinta adhesiva el lápiz a la tapa más grande. (1) Coloca la tapa grande sobre la pequeña y, utilizando el lápiz como asa, hazla girar. Observa lo que sucede. (2) Llena la tapa pequeña con las canicas y haz girar la tapa grande sobre ella. Observa lo que sucede.

Qué sucede:
(1) La tapa que hay encima se mueve con dificultad. (2) La tapa gira con mayor facilidad.

Por qué:
Cuando dos cosas en movimiento entran en contacto, se produce una resistencia al movimiento. Puesto que las superficies no son completamente lisas, las protuberancias de una superficie se adhieren a las de la otra. El rozamiento es la resistencia que se produce cuando unas superficies frotan contra otras.

El rozamiento depende tanto del tipo de superficies como de la fuerza que las presiona. La aspereza de las superficies aumenta la fricción. La uniformidad de las canicas redondas reduce la fricción. El contacto entre las partes en movimiento y las canicas es muy suave, así que la fricción es baja. Las pequeñas y duras gemas del reloj reducen el desgaste en los principales puntos de fricción, los delicados ejes alrededor de los cuales se mueven varias ruedas. Cuantos más rubíes tiene un reloj, mayor es su duración.

Relojes de pie

En 1656, Christian Huygens van Zulicham, un científico holandés, inventó el primer reloj de péndulo. El nuevo reloj se basaba en el principio del péndulo, descubierto por Galileo en 1583, que permitía que el nuevo reloj estuviera dirigido por un solo peso, suspendido de un largo cable.

Necesitas:

Cuatro cuerdas de las siguientes longitudes: 25 cm, 50 cm, 97,5 cm y 120 cm
Arandelas metálicas o monedas
Una percha de ropa
Un reloj

Cómo hacerlo:

Ata un peso a la cuerda más larga y suspéndela de la percha, de modo que cuelgue libremente. Tira un poco de la cuerda y deja que se balancee. Cuenta el número de oscilaciones que se producen en 60 segundos. Luego empuja la cuerda más lejos y deja que se balancee de nuevo, cuenta el número de oscilaciones en 60 segundos. Añade más arandelas o monedas y balancea la cuerda. Cuenta de nuevo el número de oscilaciones que se producen en 60 segundos. Apunta los resultados.

Repite la operación con las cuerdas de diferentes longitudes. En cada caso, cuenta cuántos vaivenes se producen en 60 segundos y apunta los resultados.

Qué sucede:

Cuando la longitud de la cuerda es de 120 cm, el peso se mueve hacia delante y hacia atrás 60 veces en un minuto.

Por qué:
El período de la oscilación del péndulo no depende del peso ni de la amplitud de la oscilación, sino que depende de su longitud. Es decir, a mayor longitud del péndulo, mayor será el tiempo que tarde en completar una oscilación; si el péndulo es más corto, con mayor rapidez irá de un extremo a otro. Puesto que para una longitud de cuerda de 120 cm tarda un segundo en completar una oscilación, el tiempo puede medirse con bastante fiabilidad.

SEGUNDOS

Al ir perfeccionando los relojes de péndulo, se incorporaron a la esfera del reloj manecillas para medir los minutos y, algo después, los segundos. El físico inglés Robert Hooke fue el primero en usar la palabra «*segundo*» para la sesentava parte de un minuto. Puesto que hay 60 minutos en una hora, Hooke dividió también un minuto en 60 partes y llamó a cada una de estas partes *segundo*, puesto que había dividido por 60 una segunda vez.

Horarios de trenes

Hace tan sólo 100 años, cada localidad de Estados Unidos mantenía su propio horario «oficial», denominando mediodía al momento en el cual el Sol alcanzaba la máxima altura en el cielo. El reloj de la ciudad o el silbato de una fábrica servían para anunciar la hora a las gentes de cada comunidad. Pero cuando se generalizaron los viajes en tren, ¡se produjo una gran caos! El país necesitaba un horario uniforme que siguiera todo el mundo. Así que se impuso un sistema homogéneo de husos horarios, que seguimos utilizando todavía hoy día. Este sistema no gustaba a la gente, porque les parecía que había sido «impuesto» por el ferrocarril.

En una reunión celebrada el 11 de octubre de 1883, se establecieron cuatro zonas horarias para Estados Unidos (este, centro, montaña y pacífico), basadas en el recorrido del Sol en una hora, 15° de longitud.

Al año siguiente, por un acuerdo internacional, el mundo entero se dividió en 24 husos horarios. El meridiano de Greenwich, patrón para todo el Reino Unido, fue seleccionado como el punto de inicio de las zonas horarias internacionales y se establecieron los grados de longitud. A cada zona le correspondía una hora antes que la zona contigua, al este.

Los Estados Unidos y sus territorios tienen en la actualidad 8 zonas horarias estándar, que incluyen el horario del Atlántico para Puerto Rico y las islas Vírgenes (una hora después que la norma para el este), y Alaska, Hawai, Aleutianas y la norma de Samoa (una, dos y tres horas antes respectivamente que el horario del Pacífico). Canadá tiene cinco husos horarios desde el del Atlántico hasta el del Pacífico-Yukon. Terranova tiene una diferencia de media hora más tarde con respecto al horario del Atlántico.

Australia y otras grandes extensiones de tierra también tienen diferentes husos horarios, basados fundamentalmente en la longitud. Las tres zonas horarias de Australia oscilan entre el patrón de Australia occidental de la ciudad de Perth, Australia Central en el territorio norte y norte de Australia, al de Australia oriental con el horario de Queensland, Victoria y Nuevo Gales del Sur, con las islas Lord Howe, con media hora más de diferencia. China se ha resistido a la división por zonas, de modo que su vasto territorio se rige por la hora de Pekín, que coincide con la de Australia Occidental, ocho horas más que Londres. El horario estándar de África del Sur es dos horas más que Londres, y en el mediodía de Londres coincide con la medianoche de Nueva Zelanda.

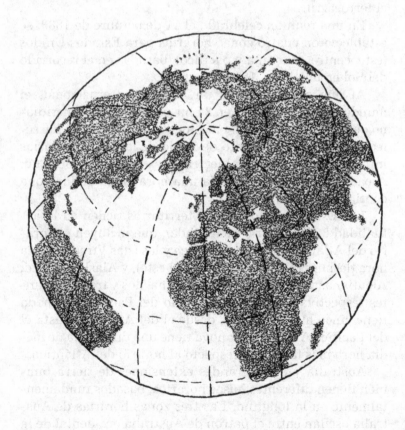

Línea Internacional de Cambio de Fecha

¿Sabes en qué consiste la Línea Internacional de Cambio de Fecha? Vamos a dar una vuelta alrededor del mundo y lo descubrirás.

Necesitas:

Una hoja de papel
Un lápiz
Cinta adhesiva

Unas tijeras
2 monedas o guijarros

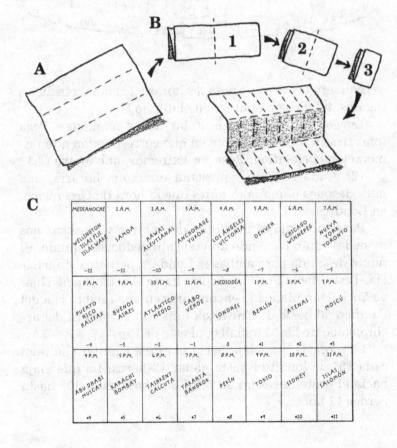

MEDIANOCHE	1 A.M.	2 A.M.	3 A.M.	4 A.M.	5 A.M.	6 A.M.	7 A.M.
WELLINGTON ISLAS FIJI ISLAS WAKE	SAMOA	HAWAI ALEUTIANAS	ANCHORAGE YUKON	LOS ÁNGELES VICTORIA	DENVER	CHICAGO WINNEPEG	NUEVA YORK TORONTO
−12	−11	−10	−9	−8	−7	−6	−5
8 A.M.	9 A.M.	10 A.M.	11 A.M.	MEDIODÍA	1 P.M.	2 P.M.	3 P.M.
PUERTO RICO HALIFAX	BUENOS AIRES	ATLÁNTICO MEDIO	CABO VERDE	LONDRES	BERLÍN	ATENAS	MOSCÚ
−4	−3	−2	−1	0	+1	+2	+3
4 P.M.	5 P.M.	6 P.M.	7 P.M.	8 P.M.	9 P.M.	10 P.M.	11 P.M.
ABU DHABI MUSCAT	KARACHI BOMBAY	TASHKENT CALCUTA	YAKARTA BANGKOK	PEKÍN	TOKIO	SIDNEY	ISLAS SALOMÓN
+4	+5	+6	+7	+8	+9	+10	+11

Cómo hacerlo:

Dobla la hoja en tres partes longitudinalmente, como señala la figura A. Dóblala de nuevo por la mitad tres veces, siguiendo los pasos señalados en B (1, 2, 3).

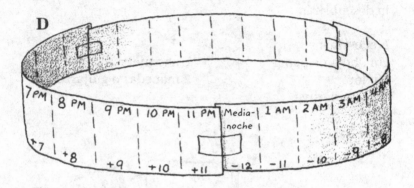

Numera las tiras y anota las horas y los nombres de los lugares, tal y como aparece en el dibujo C.

Luego corta a lo largo de las líneas marcadas. Pega unas tiras a otras, fijándote en que correspondan a la numeración correlativa. Pega los extremos, uno a otro (+ 12 y –12). Cada número representa una zona horaria, una hora después o una hora antes que la hora de Greenwich, en Londres.

Pensemos que es mediodía del martes y nuestras dos monedas están haciendo un viaje alrededor del mundo. El punto de salida para ambas es Londres, pero una viaja hacia el este, hacia Berlín, y la otra hacia el oeste, hacia Nueva York. Han planeado encontrarse en una remota isla del Pacífico, al oeste de Eniwetok (una isla coralífera del archipiélago de las Marshalls), al este de Fiji.

La moneda que viaja hacia el este adelantará su reloj cada 15° de longitud hasta ganar 12 horas. La que viaja hacia el oeste, atrasará su reloj una hora cada 15° hasta perder 12 horas.

Qué sucede:

Los dos relojes difieren en 24 horas en un mismo día del calendario.

El problema se resuelve por un acuerdo internacional. Una línea imaginaria, localizada en el Pacífico a 180° de longitud, es la línea internacional de cambio de fecha, y los viajeros cambian de fecha al atravesarla. Los que viajan hacia el este atrasan su calendario un día, y los que lo hacen hacia el oeste lo adelantan.

El meridiano 180° atraviesa el océano Pacífico. Pero la línea de cambio de fecha hace un zigzag para evitar el cambio horario en áreas pobladas: hacia el norte se desvía al este en un extremo de Siberia para incluir un número de islas en el huso horario de Aleutianas-Hawai, y en el sur enlaza a las islas de nacionalidad británica con el sistema horario de Nueva Zelanda.

Línea Internacional de Cambio de Fecha

HORARIO DE VERANO

El horario de verano, el tiempo de mayor aprovechamiento de la luz, es un sistema por el cual se adelantan los relojes una hora a comienzos de la primavera y verano para aprovechar las horas de luz diurna mientras la gente está despierta. La primera persona en sugerirlo, tal vez como una broma, fue Benjamín Franklin en 1784, pero no fue hasta el siglo xx que esta idea se llevó a cabo. Durante la primera guerra mundial, Alemania, Estados Unidos, Gran Bretaña y Australia adoptaron el horario de verano para ahorrar combustible, con el menor uso de la luz artificial. Durante la segunda guerra mundial, tanto Estados Unidos como Gran Bretaña, usaron el año-redondo, adelantando los relojes 1 hora durante el invierno y dos durante el verano.

El horario de verano fue adoptado oficialmente como política gubernamental en Estados Unidos en 1966, pero todavía hoy en día no se sigue en Indiana y Arizona. Canadá sigue el horario de verano, pero sólo algunas partes de Australia adelantan sus relojes los meses de verano, comenzando el último domingo de octubre.

En España, normalmente hay una hora de adelanto con respecto a la hora solar, y cuando rige el horario de verano, el adelanto es de dos horas.

AM y PM

Los meridianos son líneas imaginarias que recorren la superficie de la Tierra desde el polo norte al polo sur. Cuando el Sol está sobre uno de estos meridianos, se considera mediodía en ese lugar. Al este de ese meridiano es el post meridian, p.m. (después del mediodía). Al oeste de ese meridiano es el ante meridian, a.m. (antes del mediodía).

7. SUPERRELOJES

Aunque todavía se siguen vendiendo relojes mecánicos, y en ocasiones se considera un «símbolo de estatus», desde hace medio siglo disponemos de relojes más seguros y menos caros, los relojes eléctricos y electrónicos. Y, por supuesto, los de mayor precisión son los relojes atómicos, pero todavía, dado su precio, no podemos ponerlos en nuestra muñeca o en la mesilla de noche.

CRONOLOGÍA DE LOS SUPERRELOJES

1800	Alessandro Volta fabrica la primera pila química
1821	Michael Faraday utiliza el magnetismo para producir electricidad
1830	Joseph Henry construye el primer motor eléctrico práctico
1840	Alexander Bain patenta un reloj eléctrico
1881	Pierre Curie descubre la oscilación piezoeléctrica
1894	Se desarrollan sistemas de relojes maestros fidedignos
1913	Niels Bohr y Ernest T. Rutherford desarrollan la teoría de la estructura del átomo
1918	En Estados Unidos se dispone de corriente eléctrica alterna (CA) a 60 ciclos por segundo
1927	En el Reino Unido se dispone de corriente eléctrica alterna (CA) a 50 ciclos por segundo
1929	Warren Marrison inventa el reloj de cristal de cuarzo
1949	Harold Lyons, de la Oficina Nacional de Normalización de Estados Unidos, construye el primer reloj atómico, utilizando moléculas de amoníaco
1955	Los doctores I. Essen y J. V. L. Parry, del Laboratorio Nacional de Física de Londres, desarrollan un reloj atómico usando un átomo de cesio
1957	Las pilas eléctricas reemplazan a los muelles en los relojes de pulsera
1958	Primer circuito integrado (microchip)
1959	Un sintonizador en miniatura reemplaza al volante
1965	Relojes de pilas transistorizados
1960 (década)	DEL (Diodo Emisor de Luz)

1969	Primer reloj completamente electrónico con pantalla digital
1967	Se establece la frecuencia de las vibraciones del átomo del cesio como definición de un segundo
1970 (década)	PCL (Pantalla de Cristal Líquido)

RELOJES ELÉCTRICOS

A un reloj eléctrico no hay que darle cuerda. El muelle, el péndulo y el escape han sido sustituidos por un motor, que obtiene energía eléctrica bien de una pila o de la toma de corriente.

La primera patente de un reloj eléctrico la obtuvo a principios de 1840 Alexander Bain, un escocés que residía en Londres. En 1894, Frank Hope-Jones y George Boswell construyeron un sistema de reloj eléctrico maestro que tenía un péndulo accionado por una pila eléctrica. El sistema fue utilizado para dirigir las redes de relojes en las estaciones de tren y en las fábricas.

Pero a pesar de estos inventos, los relojes no se pudieron conectar a la red eléctrica hasta 1918 en Estados Unidos y nueve años después en el Reino Unido. Antes de que sucediera esto, y en otros lugares años después, los hogares y las oficinas sólo disponían de cableado eléctrico para corriente continua (CC), es decir, la que tiene flujo estable en una sola dirección. Esta corriente no podía utilizarse para los relojes porque necesitan una corriente que fluya en un circuito a intervalos regulares. En la práctica no pudieron utilizarse hasta que no se dispuso de corriente alterna (CA). Más tarde, los fabricantes de relojes introdujeron en los relojes un motor eléctrico con un rotor, una pieza giratoria que se mueve en la misma frecuencia que la corriente generada por las centrales eléctricas (50 o 60 ciclos por segundo).

Los engranajes se adaptaron para reducir la gran velocidad de un motor eléctrico a las lentas vueltas de las manecillas de un reloj.

Un motor eléctrico

Los motores de los relojes eléctricos transforman la energía eléctrica en energía mecánica. En su interior puede haber un imán con forma de U y una espiral de alambre en una varilla, entre los polos del imán. La corriente eléctrica fluye a través de la espiral, que la transforma en magnética. Las fuerzas de la espiral y el imán tiran una de otra. Esto hace que la espiral gire y accione un eje. Puedes construir un sencillo motor eléctrico y observar cómo funciona.

Necesitas:

Un trozo de contrachapado o cartón grueso de 7,5 × 15 cm aproximadamente

2 trozos de contrachapado o cartón grueso de 7,5 × 10 cm aproximadamente

Cinta adhesiva

Pegamento

Clavos

Martillo

2 clavos en forma de U o clips

Corcho

Un imán en forma de U

Agujas de hacer punto de plástico

Una pila de 6 voltios

Alambre de cobre recubierto

Cómo hacerlo:

Utiliza el martillo y un clavo afilado para perforar un agujero a una distancia aproximada de 2,5 cm de la parte superior en cada una de las dos piezas de contrachapado. Asegúrate de que las agujas de punto se muevan libremente a través de los agujeros. Luego pega o clava las piezas pequeñas a la más grande, tal y como muestra la ilustración A. Clava en el centro de la base los dos clavos en forma de U.

107

A

Elige un corcho que sea lo suficientemente pequeño como para que quepa entre los dos polos del imán.

Corta el alambre en trozos de 10 cm. Raspa los extremos. Enrolla el alambre alrededor del corcho, 30 o 40 veces, dejando libre un trozo en cada uno de los extremos. Luego raspa los dos extremos del alambre hasta que pierda el recubrimiento aislante.

Inserta la aguja a través del agujero de uno de los laterales de contrachapado, inserta también el corcho y luego introdúcela por el agujero del segundo lateral. Fíjala con una pequeña bola de plastilina o cinta adhesiva. (Véase ilustración B.)

B

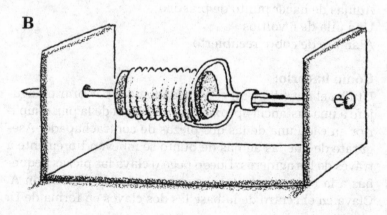

Pega con cinta adhesiva el alambre enrollado al lado opuesto de la aguja de punto, justo sobre los extremos pelados del cable.

Conecta un extremo de los trozos de cable a un polo de la pila. Introdúcelos a través de los clavos en forma de U y luego extiéndelos hasta que hagan contacto con los extremos pelados del cable. (Véase ilustración C.)

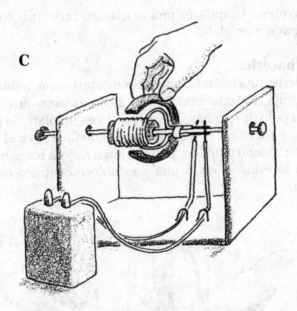

C

Por último, sostén el imán alrededor de la espiral de modo que ésta pueda girar sin llegar a tocarlo. Arranca el motor moviendo el corcho con la mano.

Qué sucede:
Mientras mantengas el imán alrededor del corcho, el motor se moverá por sí mismo.

Por qué:
El imán transforma la energía eléctrica en energía mecánica. A través del cable se transporta la corriente que origina el movimiento, que se transmite a cualquier cosa que esté unida a él.

¡Cargado!

Puedes demostrar por qué funcionan los relojes.

Necesitas:
2 trozos de cable
Una pila
Una pequeña brújula (o una aguja, un imán, un corcho
   delgado y un plato)

Cómo hacerlo:
Si no tienes una brújula, puedes construirte una, imantando la aguja. Frótala unas 50 veces en la misma dirección sobre el polo de un imán. Luego coloca en un plato un poco de agua y encima el corcho, de modo que flote, y en el centro y con mucho cuidado, pon la aguja. Sujeta los cables a los dos terminales de la pila y establece contacto con la brújula.

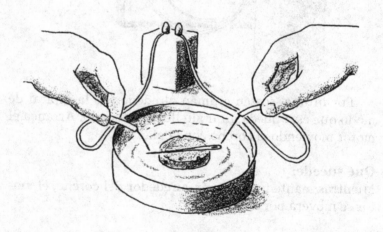

Qué sucede:
La aguja de la brújula se mueve.

Por qué:

Cuando los electrones fluyen a través del alambre producen un campo magnético a su alrededor. Así se transforma la energía eléctrica en energía mecánica. El muelle de un reloj concentra este campo magnético y permite que la energía eléctrica se convierta en mecánica.

Pila espiral

Puedes fabricar tú mismo una pequeña pila. Vacía tus bolsillos de monedas.

Necesitas:
Vinagre o zumo de limón
Tiras de papel absorbente de 2,5 × 2,5 cm
10 monedas de cobre
10 monedas de metal, cualquier metal que no sea cobre

Cómo hacerlo:
Empapa las tiras de papel en el vinagre o el jugo de limón. Haz una pila de monedas, alternando las de cobre y las otras. Separa unas monedas de otras con una trozo de papel empapado. Humedece la yema de un dedo de cada mano y sostén la pila de monedas entre ambos dedos.

Qué sucede:
Sientes una pequeña descarga eléctrica.

Por qué:
El vinagre o limón, una solución ácida, conduce la electricidad creada por los metales diferentes de las dos monedas separadas.

Las pilas normalmente están hechas de dos materiales (un contenedor de zinc y una varilla de carbón) separados por papel secante empapado en un ácido fuerte. Una reacción química entre los dos materiales produce una corriente de electrones entre los dos polos, y la energía química se convierte en energía eléctrica. La pila es un depósito de energía que se consume cuando los agentes químicos que contiene se agotan.

RELOJES DE CRISTAL DE CUARZO

En 1929, Warren A. Marrison inventó los relojes de cristal de cuarzo. La corriente eléctrica hace que vibre el cuarzo como la cuerda de un violín, con una frecuencia que depende de su grosor y la energía eléctrica que se haya aplicado. Esto se denomina efecto piezoeléctrico.

En contraste con el volante, que oscila adelante y atrás unas pocas veces por segundo, las moléculas de cristal oscilan al menos 32.768 veces en un segundo, interrumpiendo y restableciendo la corriente eléctrica cada vez. En un área aproximada de un centímetro, los modernos relojes de cristal de cuarzo tienen un cristal del tamaño de una cabeza de cerilla, una delgada pila del tamaño de una uña, un microchip, que es un circuito integrado que contiene cientos de miles de transistores y resistores que conducen y controlan la cantidad de corriente que debe fluir.

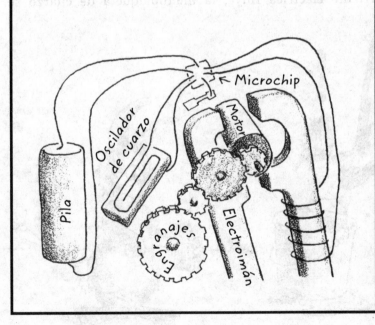

El efecto piezoeléctrico

Un simple mechero puede demostrar el efecto de la presión sobre el cuarzo.

PIDE AYUDA A UN ADULTO

Necesitas:
Un mechero

Cómo hacerlo:
Aprieta con fuerza con tu pulgar para que funcione.

Qué sucede:
Obtienes un chispazo.

Por qué:
El interior de un mechero es una microplaqueta de cuarzo. Cuando ejerces presión sobre él, produces electricidad. En tu reloj, sucede justo lo contrario. Cuando la corriente eléctrica fluye, la microplaqueta de cuarzo se

mueve. Ambos cambios sobre una sustancia cristalina, como es el cuarzo, creando electricidad por presión y creando movimiento por electricidad, demuestran el efecto piezoeléctrico. *Piezo* es una palabra griega que significa *presionar*.

Relojes digitales

Los primeros relojes de cuarzo eran esféricos y estaban provistos de manecillas, pero rápidamente fueron reemplazados por pantallas donde se pueden leer las horas y minutos y en ocasiones también los segundos.

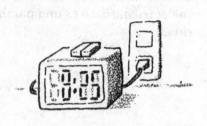

Estos números se forman mediante pequeños elementos luminosos controlados por señales eléctricas.

Hay diferentes tipos de pantallas de lectura. Algunas son DEL (Diodo Emisor de Luz). El cremoso cristal líquido gris impide el paso de la luz y se vuelve negro cuando se aplica la corriente eléctrica. El resultado es un dígito negro sobre un fondo gris, a partir de un rectángulo de 7 secciones, algunas de los cuales se destacan y otras permanecen invisibles.

Necesitas:
Lápiz y papel
Goma de borrar

Cómo hacerlo:
Copia este dibujo, formado por 7 líneas rectas que constituyen un rectángulo. Luego rellena las secciones necesarias para formar el número que desees.

Por ejemplo, si quieres formar un 6, rellena todas las líneas excepto F, la vertical derecha superior, y A, la horizontal superior. Luego borra (o colorea) F y A. Si quieres hacer un 5, rellena todas las líneas ex-

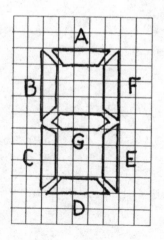

cepto F y C. Para formar un 1, rellena solamente B y C y borra las otras.

Por qué:

Quizá comprendas ahora por qué los números y las letras en las pantallas digitales tienen esa forma. No se parecen a la escritura impresa o manual. Las vibraciones de la hoja de cuarzo son contadas por una entrada binaria lógica, un tipo de interruptor. En cada ocasión se contabilizan el número de vibraciones que un cristal dado realiza en un segundo, el interruptor envía un pulso a la unidad de visualización y el reloj registra el paso de un segundo a otro. Otros interruptores de un mismo chip cuentan 60 segundos y actualizan el visualizador cada minuto; otros cuentan minutos y lo actualizan cada hora.

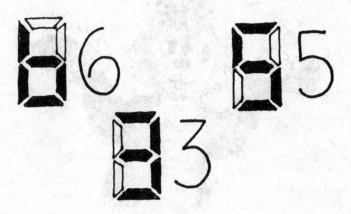

Brillar en la oscuridad

Antiguamente los relojes daban campanadas para señalar la hora, después de que anocheciera. Pero durante la primera guerra mundial, cuando el sonido de las campanadas podía alertar de una posición al enemigo, los fabricantes de relojes diseñaron algunos modelos que brillaban en la oscuridad. La esfera y las manecillas se pintaron con radio. Cuando se descubrió que el radio era una sustancia peligrosa, especialmente para los trabajadores que la utilizaban como pintura, se utilizaron otros materiales menos peligrosos.

Los que existen hoy en día son relojes deportivos con manecillas fosforescentes que brillan porque el revestimiento de fósforo convierte la energía de la luz solar en vibraciones de los electrones y las libera en forma de luz.

Algunos de los relojes que se comercializan actualmente se iluminan eléctricamente. La esfera del reloj se recubre con sulfuro de zinc diluido con una pequeña cantidad de cobre. Cuando aprietas un botón, la energía eléctrica de la pila se convierte a través de un microchip en un alto voltaje, estimulando los electrones en el visualizador, que a su vez proporciona una luz grisácea.

Medir el pasado: relojes radiactivos

Los científicos cuentan el tiempo, hacia atrás, con un reloj radiactivo que mide el tiempo a partir de los huesos antiguos, de la madera de una antigua barca, y de otros materiales que formaron parte de la vida hace unos 50.000 años. Este reloj radiactivo es una forma lenta de desintegración de un átomo de carbono, el denominado carbono 14. Las plantas obtienen dióxido de carbono de la atmósfera y los animales comen plantas. Al morir, la radiactividad empieza a decaer. El grado de la pérdida de radiactividad se mide en términos de la vida media, el tiempo que se requiere para que la mitad de un elemento se desintegre. Tras la muerte, un organismo pierde la mitad de su carbono 14 en unos 5.000 años, la mitad de lo que le queda lo pierde en los siguientes 5.000 años, y la mitad de los siguiente en otros 5.000 años. Una vez transcurridos 50.000 años no se detecta nada. Para determinar la edad de algún objeto, desde ropa a conchas, los científicos calculan su contenido de carbono 14 y lo comparan con el contenido de una muestra moderna.

Otros átomos radiactivos en la tierra, aire y agua son también «relojes» con los que se puede medir la edad de las rocas y los fósiles de más de 50.000 años. Igual que con el carbono 14, el grado de radiactividad decae, y las mediciones se realizan en términos de vida media.

La medición de la pérdida de uranio, por ejemplo, permite datar los objetos de unos 4,5 mil millones de años.

Relojes atómicos

El funcionamiento de un reloj atómico se basa en la vibración de los electrones de un átomo, cuya frecuencia es inmune a la temperatura y a los problemas de ficción que afectan a los relojes mecánicos.

En 1967, la Asamblea General de Pesas y Medidas cambió la definición del segundo y se estableció como la frecuencia con que un átomo de cesio vibra: 9.162.631.770 veces por segundo. Cuantas más vibraciones registra un reloj en un segundo, mayor es su seguridad. El margen de error de los relojes atómicos es de una mil millonésima parte de un segundo en 24 horas.

El primer reloj molecular, que utilizaba gas de amoníaco, fue construido en 1949 por H. Lyons, de la Oficina Nacional de Normalización de Estados Unidos. En 1955, L. Essen y J. V. L. Parry fabricaron el primer reloj atómico de cesio en el Laboratorio Nacional de Física de Inglaterra.

Los últimos inventos para medir el tiempo pueden observarse en los laboratorios de la Oficina Nacional de Normalización de Boulder (Colorado, Estados Unidos). No se parecen a nada que hayas visto antes: una tubería de acero inoxidable de 6 m de longitud y 40 cm de diámetro, por la que fluyen átomos de cesio. El cesio es un metal levemente plateado que se parece al mercurio.

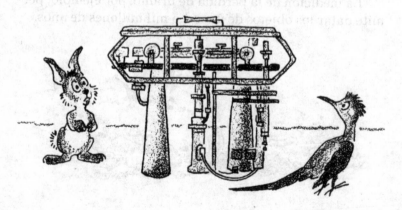

Máquinas del tiempo y mucho más

Algunos científicos han investigado las declaraciones que han hecho algunas personas en relación con supuestos viajes a través del tiempo. Otros debaten si los sueños son una forma de intuir lo que puede suceder, un tipo de «tiempo futuro». A lo largo de la historia, ciertos filósofos han sugerido que el tiempo es circular, que vuelve sobre sí mismo.

Es fácil definir la medición del tiempo, pero resulta enormemente difícil describir qué es el tiempo. Algunas personas se han cuestionado incluso su existencia. Otros, entre los que se cuentan algunos físicos, psicólogos y filósofos, lo explican de diferente manera. Las teorías de Einstein, comprobadas mediante experimentos atómicos en laboratorio, desafían algunas de nuestras creencias más básicas acerca del tiempo: el tiempo se ralentiza cuando se alcanza una velocidad próxima a la de la luz.

La luz del Sol tarda ocho minutos y la de Plutón cinco horas en alcanzar la Tierra. Sin embargo, la luz de las estrellas más cercanas ha estado viajando durante más de cuatro años antes de llegar a la Tierra. Cuando los astrónomos observan a través de sus telescopios la luz de algunas de las estrellas más lejanas, resulta que lleva viajando millones de años.

La exploración del espacio y la posibilidad de vida en otros planetas abre grandes interrogantes sobre el conocimiento del tiempo, y seguro que aprenderemos muchas cosas sobre el pasado y el futuro.

AGRADECIMIENTOS

Desearía dar las gracias a diversas personas y organizaciones con las que estoy en deuda por la ayuda prestada a lo largo de mi exploración sobre el tiempo. La National Association of Watch and Clock Collectors, así como el American Clock and Watch Museum de Bristol, respondieron muy amablemente a mi solicitud de consejo. El coleccionista de relojes Michael Glass compartió generosamente conmigo su pericia y sus libros sobre relojes. La profesora de ciencias Sally Aberth revisó la sección sobre relojes de agua.

El astrofísico Neil de Grasse Tyson, director del New York City's Hayden Planetarium, llevó a cabo una revisión del capítulo sobre la medición del tiempo basada en las estrellas. Lloyd Motz, profesor emérito de astronomía en la Universidad de Columbia, hizo sugerencias para el mencionado capítulo, así como para los capítulos que versan sobre la Luna y el Sol.

El relojero Geoff Pommer, de Ilana, echó un vistazo a las secciones sobre relojes mecánicos y eléctricos.

Un agradecimiento muy especial para los serviciales bibliotecarios de la Biblioteca Pública de Nueva York, que se afanaron en buscar los libros que les pedí, entre los que figuran las obras de Irving Adler, Marilyn Burns, T. R. Reid, Gabriel Reuben, B. A. Rey, Albert Vaughn, Bernie Zubrowski, J. B. Priestley y, por supuesto, James Jesperson, todas las cuales me resultaron de gran ayuda.

Y, qué duda cabe, muchas gracias a la concienzuda revisora de mi original, Sheila Barry.